세속시대
✦
어떻게 일곱산을 선교할 것인가

저자 송인설

도서
출판 민달팽이

프롤로그

다원주의 세속 사회에서 복음을 전할 수 있을까?

은퇴를 앞둔 신학교 교수입니다. 20여 년간 신학을 가르쳐 온 저는 신학생들을 바라보며 마음이 무겁습니다. 대학생 중 기독교 인구는 3%, 중고등학생은 2%, 초등학생은 1%라고 합니다. 신학생들은 어떻게 저 세대를 목회해야 할까요? 앞으로 신학 교육은 어떤 방향으로 나아가야 할까요? 교회는 성장기를 지나 침체기와 쇠락기를 겪으면서 큰 변화의 물결 속에 있습니다. 이런 시대적 전환기를 살아가는 후배들에게 어떤 도움을 줄 수 있을까요?

신학대학원에서 '목회실천' 과목을 맡았습니다. 목회 역량이 무엇일지 고민했습니다. 성경과 관련하여 설교자의 직무, 교회와 관련하여 양육자의 직무, 사회와 관련하여 전도자의 직무가 떠

올랐습니다. 세 직무의 토대로 영성적 리더십이 필요할 것 같아서 『영성의 12계단』을 재개정판으로 출판했습니다. 설교자 역량을 기르기 위해 『원 포인트로 복음을 설교하라』(드림북)를 집필했습니다.

전도자의 직무를 다루기 위해 먼저 세상을 살펴보았습니다. 기술 혁명이 놀랍습니다. 하드웨어-네트워크-소프트웨어의 삼중 구조가 발전하면서 우리는 전에 없던 방식으로 연결되고 있습니다. PC와 초고속 인터넷망과 윈도우 운영체제(OS)의 결합으로 우리는 컴퓨터와 웹을 통한 새로운 세상을 경험했습니다. 스마트폰과 4G LTE 망과 iOS와 안드로이드의 결합은 모바일 앱 중심의 플랫폼 세계를 만들어냈습니다. 이제는 인공지능(AI) 시대입니다. AI가 새로운 운영 체제가 된다고 합니다. 앞으로 AI는 또 어떤 새로운 디바이스를 사용하게 될까요? AI 에이전트는 인간의 파트너로서 인간의 어떤 역할을 대체해 갈까요? AI가 휴머노이드 로봇에 탑재될 때 어떤 일이 벌어질까요?

기술 혁명보다 더 시급한 문제는 한국 사회의 급격한 변화입니다. 저 또한 법학을 전공했음에도 불구하고 한국 사회를 이해하는 데 어려움을 겪고 있습니다. 동구권의 붕괴와 소련 해체 이후, 저는 신학 공부에만 집중하면 될 것으로 생각했습니다. 그러나 30여 년이 지난 지금 한국 사회의 헤게모니는 현저하게 바뀌어 있습니다. 문화적, 정치적, 경제적 변화는 급격했고, 그 변화 속에서 교회는 어디로 나아가야 할지 갈피를 잡지 못하고 있습니다. 대체 어떤 일이 벌어진 것일까요? 한국 사회는 어떻게 이렇게까지 변했을까요?

교회 혼란과 위기의 본질을 파악하기 위해 역사적, 사회적 맥락을 다시 공부하기로 했습니다. 사회의 변화가 어떻게 일어났는지, 그리고 그 변화가 교회에 미친 영향을 이해할 필요가 있었습니다. 서구 사회에서 일어난 변화에 주목해야 했습니다. 1960년대 말 68세대가 서구 사회의 토대를 바꾸었습니다. 근대의 가치와 질서를 전복시켰습니다. 그들은 기존의 질서에 도전하였고, 지금 우리가 겪고 있는 변화를 일으켰습니다.

학문은 현실 세계를 설명하는 작업입니다. 예를 들어, 물리학에서는 뉴턴이 만유인력 법칙을 통해 물리적 세계를 설명했고, 아인슈타인은 상대성 이론을 통해 우주의 구조를 밝혀냈습니다. 닐스 보어는 미시 세계의 불확정성 원리를 설명했고, 빅뱅 이론은 우주의 팽창을 설명해 주었습니다. 정치, 경제, 사회의 복잡한 흐름 속에서도 우리는 현재 겪고 있는 변화를 설명할 수 있는 이론을 찾아야 합니다.

아놀드 토인비는 『역사의 연구』(1934-1961)에서 문명의 흥망성쇠를 창조적 소수와 대중의 관계로 설명했습니다. 창조적 소수는 새로운 도전에 대응하며 문명을 발전시키지만, 그들이 혁신성과 창의성을 잃고 경직되면 문명은 쇠퇴하게 된다고 합니다. 오늘날의 글로벌리스트, 파워 엘리트는 전형적인 지배적 소수의 모습입니다. 국민은 안중에도 없을 때가 많습니다. 대중은 수동적 태도를 취하다가 급격히 폭력적인 반응을 보입니다. 우리는 이러한 사회적, 정치적 변화 속에서 어떻게 하나님 나라를 살 수 있을까요?

동성애 문제는 참으로 어려운 문제입니다. 서구 사회의 많은 지성인들이 동성애를 옹호하고 있습니다. 왜 이런 현상이 일어났을까요? 올림픽에서 트랜스젠더 복서가 여성 복서들을 무자비하게 때려눕혔다는 충격적인 뉴스를 들었습니다. 이런 사건은 왜 발생했을까요? 서구 사회에서 도대체 어떤 일이 일어난 것일까요?

찰스 테일러의 『세속 시대』에서 한 가지 단서를 발견했습니다. 테일러는 서구 세속 사회가 "배타적 인본주의"로 변했다고 설명합니다. 서구 사회가 종교적 배경을 점차 배제한 후, 인간 중심으로 세상이 재편성되었다는 것입니다. 우리는 근대에서 포스트모던 사회로 넘어가는 시대에 살고 있습니다. 근대 이전에는 종교와 전통이 중심이었고, 근대는 인간의 이성을 절대화한 시대였습니다. 그러나 오늘날 포스트모던 사회는 각자가 진리를 선택하고 있는 시대입니다. 가치가 충돌할 때마다 심각한 문제가 생깁니다. 재판정은 있는데 재판관의 자리가 비어 있습니다. 이런 혼란 속에서 우리는 어떻게 살아야 할까요?

우리 시대가 다원주의 세속 사회로 변모하였습니다. 서로 다른 이데올로기와 가치관이 충돌하고 있습니다. 다원주의와 세속화가 급속히 확산하는 오늘날, 교회는 어떻게 천국 복음을 전할 수 있을까요? 이 질문은 오늘날 교회가 직면한 가장 중요한 문제 중 하나입니다. 다원주의 세속 사회에서 어떻게 복음을 전할 수 있을까요? 이 글은 이런 질문에 대한 답을 찾다가 써 본 글입니다. 아직 답을 다 찾지는 못했지만 그럼에도 불구하고 방향은 잡고 싶어서 계속 써 보았습니다.

이 책은 3부로 구성되어 있습니다. 1부는 세계관의 문제를 다룹니다. 세상을 이해하고 해석하는 데 있어 가장 중요한 요소가 우리의 세계관이기 때문입니다. 세계관은 우리가 세상과 인생을 어떻게 보고, 어떻게 해석하는지에 대한 사고의 틀입니다. 세계관이 무엇이냐에 따라 세상에 대한 태도와 반응이 달라집니다.

2부는 오늘날 우리가 살아가고 있는 세속 시대를 분석하고, 그 속에서 하나님 나라를 어떻게 살아가야 하는 문제를 고민합니다. 다원주의 세속 사회에서 어떻게 하나님 나라를 증거하며 살아갈 수 있을까요? 다원주의 세속 사회는 어떤 사회일까요? 찰스 테일러, 레슬리 뉴비긴, 제임스 헌터가 세속 사회를 분석하는 데 도움을 주었습니다.

그리스도인이 다원주의 세속 사회를 살아가는 길을 모색할 때, 아브라함 카이퍼의 영역 주권론과 일반 은총론이 길을 터 주었습니다. 영역 주권론은 인간의 모든 영역은 다 하나님의 주권 아래 있다고 주장하며, 정치, 경제, 문화, 교육 등 모든 분야에서 하나님의 뜻이 실현되어야 할 것을 강조합니다. 교회 너머 세상의 모든 영역에서 하나님의 주권이 실현되는 비전을 제시합니다. 일반 은총은 하나님이 신자와 불신자를 가리지 않고 모든 사람에게 베푸시는 은혜를 말합니다. 특별 은총이 신자에게 주어지는 구원의 은혜를 말하는 반면에 일반 은총은 타락한 인류 모두에게 주신 은혜입니다. 인간 문명을 보존하고 번성하게 하기 주신 은혜입니다. 하나님은 구속하시기 전에 먼저 보존하셨습니다. 왜곡된 형태로라도 발전하게 하신 후에 구속하여 회복하셨습니다.

20세기 말 복음주의권에서 일곱산 선교 이론이 나왔습니다. 하나님의 주권이 실현되어야 할 사회 영역을 7영역으로 나누어 바라보는 접근 방식입니다. 랜스 월나우가 일곱산 사명 이론을 주장하기 시작했습니다. 조니 엔로우도 별도의 영감을 받고 같은 내용을 주장하기 시작했습니다. 같은 시대에 선데이 아델라자가 우크라이나에서 일곱산 선교 사역으로 놀라운 하나님 나라의 열매를 거두었습니다.

3부는 교회가 사회 7영역에서 실제로 어떻게 하나님 나라를 실현할 수 있을지 논의합니다. 교회뿐만 아니라 사회 전 영역에서 펼쳐지는 하나님 나라를 구체적으로 그려보는 과제입니다. 정치, 경제, 교육, 미디어, 예술과 엔터테인먼트, 가정, 종교와 교회라는 일곱산에서 오랫동안 머물러 있었습니다. 각 영역에서 지금까지 실현된 것을 정리하고 아직 완성되지 않은 공백을 상상하며 논의를 전개해 보았습니다. 일곱산을 등정하기 위해 20세기 신학자들의 도움이 필요했습니다. 리처드 마우, 제임스 스미스, 제임스 헌터, 올리버 오도노반, 앤디 크라우치가 지혜를 나누어 주었습니다.

글을 써 가며 아우구스티누스의 『하나님의 도성』을 자주 참조했습니다. 그의 고전이 우리 시대에 이렇게까지 도움이 될 줄은 몰랐습니다. 3부를 쓰면서 부족감을 많이 느꼈습니다. 그래도 이렇게라도 써 놔야 다음 논의를 전개할 수 있을 것 같아 용기를 냈습니다.

"다원주의 세속 사회에서 어떻게 하나님 나라의 복음을 전할 것인가?" 이 과제를 연구한 후 저는 이런 결론을 얻었습니다. "성경적 세계관을 토대로 하나님의 특별 은총과 일반 은총을 결합하여 사회 영역별로 하나님 나라의 가치와 원리를 실천하면, 다원주의 세속 사회에서도 하나님 나라 복음을 전할 수 있다."

'성경적 세계관'과 '영역과 부르심'이라는 강의를 맡겨 주신 숭실사이버대학교 크리스천리더십 학과의 정병욱 부총장에게 감사드립니다. 목회 실천 시간에 함께 미래 목회를 고민해 준 서울장신대학교 신학대학원 학생들에게 감사의 마음을 전합니다. 교회는 현재 다원주의 세속 사회와 포스트모더니즘과 기술 패권주의 시대라는 역사상 가장 큰 도전에 직면해 있습니다. 하나님은 우리에게 이런 세상 속에서 천국을 살며 복음을 증거하라고 명하십니다. 보좌에 좌정해 계신 하나님이 우리를 도우시기를 기도드립니다. 오 주여, 우리를 도우소서!

2025. 1. 1

차례

프롤로그: 다원주의 세속 사회에서 복음을 전할 수 있을까?   03

1부
세계와 세계관

1장 왜 세계관을 공부해야 하는가?   16

2장 세계관이란 무엇인가?   20
    1. 세계관은 안경이다.   20
    2. 세계관은 지도다.   21
    3. 세계관은 전제다.   22
    4. 세계관은 체계적인 사고의 틀이다.   23

3장 현재 어떤 세계관이 세상을 지배하고 있는가?   25
    1. 애니미즘과 동양의 일원론적 관념론   26
    2. 세속주의와 서양의 이원론적 자연주의   27

>   3. 서구 세계관의 세속화 과정 28
>   4. 칼 세이건의 세계관: 과학주의적 일원론 31
>   5. 한국의 세계관: 무속과 물리주의 33

4장　성경적 세계관이란 무엇인가? 35
>   1. 하나님이 하나님의 나라를 세워가는 이야기 35
>   2. 하나님 나라의 시각으로 세상을 보는 관점 36
>   3. '하늘-땅-땅 아래'의 삼중 구조로 세상을 보는 관점 38
>   4. '창조-타락-구속-종말'의 시각으로 세상을 보는 관점 40
>   5. 성경적 세계관의 탁월성 41

2부
세속 사회와 하나님 나라

5장　세속 사회 46
>   1. 찰스 테일러의 세속 사회 46
>   2. 레슬리 뉴비긴의 다원주의 사회 48
>   3. 제임스 헌터의 차이와 해체의 사회 51

6장　어떻게 다원주의 세속 사회에서 하나님 나라를 살 것인가?　54
　　1. 아브라함 카이퍼의 영역 주권론과 일반 은총론　54
　　2. 일반 은총과 특별 은총의 결합　62
　　3. 일곱산 선교 이론　69

3부
세속 시대 어떻게 세상을 선교할 것인가?

7장　일곱산 선교　90
　　1. 정치　90
　　2. 경제　100
　　3. 교육　109
　　4. 미디어　116
　　5. 예술과 엔터테인먼트　124
　　6. 가정　141
　　7. 종교와 교회　149

8장	일곱산 등정의 길	166
	1. 복권 추첨기의 비유	166
	2. 리처드 마우의 『문화와 일반 은총』	169
	3. 제임스 스미스의 『왕을 기다리며』	170
	4. 제임스 헌터의 『기독교는 어떻게 세상을 변화시키는가』	173
	5. 올리버 오도노반의 『열방의 열망』	177
	6. 리처드 마우의 『왕들이 행진해 들어올 때』	180
	7. 앤디 크라우치의 『컬처 메이킹』	182

에필로그: 포스트모던 기독교 문명이 가능할까? 　　186

1부

세계와 세계관

1장

†

왜 세계관을 공부해야 하는가?

미혹과 혼미의 시대

현대 한국 사회는 진보와 보수로 극명하게 나뉘어 양극화의 길을 걷고 있습니다. 이념과 정치적 갈등이 그 어느 때보다 깊어지고 있으며, 공화주의와 법치주의는 점점 더 위태로워지고 있습니다. 동성애, 세대 갈등, 남녀 갈등, 건국절 논쟁, 친일 문제와 같은 이슈들은 사회 전반에 걸쳐 이념 과잉과 정치 과잉을 불러오고 있으며, 정치의 종교화 현상마저 보입니다. 사회가 불안해지고 있는 가운데 사람들은 무엇이 옳고 그른지 혼란스러워합니다.

나아가 우리는 가상 세계와 현실 세계가 융합되는 4차 산업혁명의 문턱에 서 있습니다. 인공지능, 빅데이터, 가상현실, 메타버스 등 신기술은 우리의 삶을 급격히 변화시키고 있으며, 상상 속에서만 가능했던 것들이 현실이 되어가고 있습니다. 인공지능이 인간의 정신노동을 대체하고 로봇이 인간의 육체노동을 대신하면,

우리는 어떤 노동과 일을 하며 살까요? 미디어의 편향성은 점점 더 심각해지고 있습니다. 누가 무엇을 왜곡하는지 알 수가 없습니다. 가짜 뉴스를 확인하기도 힘들고 진실과 허위가 뒤섞인 세상에서 우리는 어떻게 진리를 분별하며 살아갈 수 있을까요?

MZ 세대는 자기 취향과 개성을 강하게 주장하며 살아가고 있습니다. 그들은 자신만의 삶의 방식을 선택해 가고 있습니다. '핵개인'이라는 말이 나왔습니다. 결혼과 같은 전통적 가치관에서 벗어나 비혼 문화를 선택합니다. 욕망을 채우지 못할 때는 쉽게 좌절합니다. MZ 세대를 어떻게 이해하고 소통해야 할까요? 그다음 알파 세대는 또 어떻게 섬겨야 할까요?

교회의 혼란

교회 역시 혼란스럽기는 마찬가지입니다. 코로나 팬데믹 때 대면 예배가 금지되었습니다. 교회는 처음 겪는 이 위기에 어떻게 대응해야 할지 몰라 무력감을 느꼈습니다. 진보 정치의 공학과 전략을 파악하기도 힘들었고, 동성애와 같은 이슈에 대해 신학적으로 대응하기도 어려웠습니다. 많은 교회에서 다음 세대가 사라졌습니다. 성속 이원론은 여전히 위력을 발휘하고 있고, 세속 세상은 점점 더 멀어지고 있습니다. 이런 혼란 속에서 교회는 어떻게 예수 그리스도의 길을 갈 수 있을까요? 교회가 성장한다고 해서 하나님 나라의 가치와 원리가 사회에 복원될 것 같지도 않습니다. 포스트모던 시대를 살아가는 세대에게 천국 복음을 전할 날이 올 수 있을까요?

세계관을 이해하면 세상의 혼란을 이해할 수 있을까?

"물고기에게 물에 대해 묻지 말라"는 속담이 있습니다. 물고기는 자신이 사는 물속 세계를 우리만큼 잘 알지 못합니다. 우리도 우리가 속한 세상을 이해하기가 쉽지 않습니다. 현대 사회의 복잡하고 혼란스러운 상황을 이해하기 위해서는 세계관부터 이해해야 합니다. 세계관(worldview)은 세계를 바라보는 관점입니다. 세계관이 없으면 세상을 이해할 수 없습니다. 세상을 더 잘 이해하게 해 주는 세계관이 필요합니다.

세계관은 바깥세상을 볼 수 있는 창문의 틀입니다. 창문의 틀이 보여주는 만큼 볼 수 있습니다. 세계관은 우리가 세상을 어떻게 해석하고 받아들일지를 결정하는 프레임입니다. 바깥세상의 정보를 지각하는 인식의 틀이며 동시에 세상에 대한 정보를 해석하는 사고의 틀입니다. 창문을 통해 들어오는 지각 정보가 이 틀을 통해 해석되어 들어옵니다.

문제는 세계관이 하나가 아니라는 것입니다. 사람마다 창문의 틀이 다릅니다. 각자의 세계관에 따라 세상을 다르게 봅니다. 성경에도 그러한 예가 있습니다. 모세가 12지파 대표들을 가나안 땅을 정탐하러 보냈을 때, 그들은 같은 땅을 보고도 전혀 다른 결론을 내렸습니다. 10명의 정탐꾼들은 그 땅이 자신들을 삼킬 것이라고 두려워하며 부정적인 보고를 했습니다. 여호수아와 갈렙은 하나님이 그 땅을 주실 것이라는 확신을 가지고 정복할 수 있다고 주장했습니다.

국제기아대책기구 부총재였던 대로우 밀러는 『생각은 결과를 낳는다』(1998)를 출판했습니다.[1] 그는 이스라엘에 유학을 갔습니다. 어느 날 교수와 함께 사막에 조림된 숲을 보고 있었습니다. 교수가 이렇게 말했습니다. "땅을 향한 두 가지 서로 다른 비전이 있다네. 여호와를 섬기는 이스라엘 민족은 여호와가 이 땅이 젖과 꿀이 흐르는 땅이라고 하신 말씀을 믿네. 팔레스타인 민족은 알라가 이 땅을 저주했다고 믿네. 같은 땅에 대해 서로 다른 비전을 가진 두 민족이 여전히 존재하고 있다네."

같은 땅을 바라보는 두 민족이 있습니다. 두 민족이 같은 땅을 다른 시각으로 보고 있습니다. 이스라엘은 그 땅을 여호와가 주신 젖과 꿀이 흐르는 땅으로 보고 있고, 팔레스타인은 그 땅을 저주받은 땅으로 보고 있습니다. 땅에 대해 다른 시각이 서로 다른 현실을 만들고 있습니다.

세상을 본다고 세상이 저절로 이해되는 것은 아닙니다. 세계관이 없으면 세상을 이해할 수 없습니다. 창문의 틀과 같은 세계관이 있어야 세상을 이해할 수 있습니다. 창문틀 외에도 세계관을 이해하는 데 도움이 되는 비유가 더 있을까요?

---

[1] 대로우 밀러/ 윤명석 옮김, 『생각은 결과를 낳는다』(서울: 예수전도단, 1999), 140-141. 1998년 Discipling Nations라는 제목으로 출판되었다.

2장

†

세계관이란 무엇인가?

1. 세계관은 안경이다.

세계관은 안경입니다. 첫째, 안경은 내 몸의 일부입니다. 안경은 여러 가지 이유로 필요해서 씁니다. 내 몸에 붙어 있습니다. 안경이 없으면 살기 힘듭니다. 세계관 없어도 살기 힘듭니다. 둘째, 안경은 한둘이 아닙니다. 다양한 종류가 있습니다. 빨간 선글라스도 있고, 파란 선글라스도 있습니다. 빨간 선글라스를 쓰면 세상이 빨갛게 보이고, 파란 선글라스를 쓰면 파랗게 보입니다. 동양적 세계관을 가진 사람은 동양의 시각으로 세상을 바라보고, 서양적 세계관을 가진 사람은 서양의 시각으로 세상을 바라봅니다.

셋째, 우리는 안경을 쓰고 있어도 그 사실을 의식하지 못합니다. 마찬가지로 우리는 자신이 가진 세계관을 의식하지 못하고 살아갑니다. 그냥 살아갑니다. 언제 우리의 세계관을 의식하게 될까요? 외국에 갔을 때입니다. 서로 다른 문화와 세계관을 가진 사람들과 만날 때에야 우리의 세계관을 알게 됩니다.

넷째, 안경은 우리의 시력을 교정해 줍니다. 좋은 안경은 세상을 선명하게 볼 수 있게 해줍니다. 좋은 세계관을 가지고 있으면 세상을 더 잘 이해할 수 있습니다. 하지만 좋지 않은 세계관을 가지고 있으면 세상을 오해하게 됩니다. 세상의 진실을 왜곡하게 됩니다. 예를 들어, 애니미즘의 세계관은 물질세계를 과학주의 세계관만큼 보지 못합니다.

문제는 잘못된 안경이 많다는 것입니다. 어느 분야는 잘 보이게 하지만, 다른 분야는 보지 못하게 합니다. 잘못된 세계관은 세상을 잘못 보게 합니다. 특정한 분야만 더 잘 보게 해주는 세계관이 너무 많습니다.

2. 세계관은 지도다.

세계관은 지도와 같습니다.[2] 지도는 우리가 사는 지형과 지리를 이해하는 데 도움이 되는 도구입니다. 김정호의 대동여지도를 보고 놀랐던 경험이 떠오릅니다. 발로 걸어서 한국 지형을 저 정도로 그려냈다는 것이 믿어지지 않았습니다. 길을 갈 때 지도가 필요

---

2) 양희송, 『세계관 수업』 (서울: 복있는사람, 2018), 25-45.

하듯, 인생을 걸어갈 때 세계관의 지도가 필요합니다.

지도는 목적에 따라 다양하게 그려집니다. 객관적인 지식이 필요할 때는 정밀한 측량에 기초한 지도가 필요합니다. 중요한 지점만 알아도 될 때는 간략하게 그린 지도만 있어도 됩니다. 대륙이나 지역에 따라 다른 지도가 존재합니다. 한국의 세계 지도는 한반도를 중심에 두고, 왼쪽에는 유라시아 대륙, 오른쪽에는 태평양과 아메리카 대륙이 표시됩니다. 유럽의 지도는 유럽을 중심에 두고, 왼쪽에는 대서양과 아메리카 대륙, 오른쪽에는 아시아 대륙이 그려집니다. 호주의 지도는 오세아니아를 중심으로, 아래에는 남극 대륙, 오른쪽에는 태평양, 왼쪽에는 인도양이 배치됩니다. 어떤 때도 지도를 뒤집어 그립니다.

3. 세계관은 전제다.

세계관은 우리가 세상을 해석할 때 사용하는 전제입니다. 우리는 문화가 제공하는 전제를 바탕으로 세상을 이해합니다. 그런데 문화마다 세상을 이해하는 전제가 다릅니다. 예를 들어, 세상이 물질이라는 전제가 있으면 초자연적인 현상이나 신의 존재를 부정하게 됩니다. 반대로 세상은 영적인 것이 지배한다는 전제가 있으면 인간의 자유 의지를 부정하고, 숙명론적 시각을 갖게 됩니다.

우리는 대개 어떤 세계관적 전제를 하고 있을까요? 미국의 개혁주의 철학자 제임스 사이어는 『기독교 세계관과 현대 사상』

(1976)에서 세계관을 파악하기 위해 7가지 질문을 던졌습니다. 그가 던진 질문들은 세계관의 전제를 이해하는 데 도움을 줍니다. 그 질문들은 다음과 같습니다.[3]

"진정으로 참된 최고의 실재는 무엇인가?"
"우리를 둘러싼 세계의 본질은 무엇인가?"
"인간은 누구이고 무엇인가?"
"인간이 죽으면 어떤 일이 일어나는가?"
"지식이 가능한 까닭은 무엇인가? 어떻게 알 수 있는가?"
"무엇이 옳고 그른지 어떻게 알 수 있는가?"
"인간 역사의 의미는 무엇인가?"

4. 세계관은 체계적인 사고의 틀이다.

세계관은 하나의 전제로 구성되어 있지 않습니다. 세계관은 여러 개의 전제가 서로 연결되어 하나의 구조를 이루고 있습니다. 캐나다의 철학자 알버트 월터스는 『창조 타락 구속』(1985)에서 세계관을 "기본적인 신념의 포괄적인 틀"(a comprehensive framework of basic beliefs)이라고 정의했습니다.[4] 세계관은 단

---

3) 제임스 사이어/ 김헌수 옮김, 『기독교 세계관과 현대사상』 확대 개정 4판(서울: IVP, 2007). 1976년 The Universe Next Door라는 제목으로 출판되었다. 2004년 4판, 2009년 5판이 나왔다.
4) 알버트 월터스/ 양성만 옮김, 『창조 타락 구속』(서울: IVP, 1992), 13. 1985년 Creation Regained라는 제목으로 출판되었고 2005년 재판이 나왔다.

순히 여러 전제들의 모음이 아니라, 여러 신념이 체계적으로 구조화되어 구성된 하나의 사고의 틀이라는 것입니다.

사고의 틀로서 세계관은 논리적인 체계를 가지고 있습니다. 우리는 인간, 세계, 신에 대한 나름의 관점을 엮어 하나의 전체적인 체계를 형성합니다. 그래서 나는 세계관을 '인간-세계-하나님'에 대한 관점을 포괄하는 하나의 체계적인 사고의 틀이라고 규정하고 싶습니다.

세상에는 여러 가지 서로 다른 세계관이 존재합니다. 그렇다면 현재 어떤 세계관이 세상을 지배하고 있을까요?

3장

†

현재 어떤 세계관이 세상을 지배하고 있는가?

대로우 밀러는 국제 기아 문제를 다루며 현재 세상에서 성경적 유신론을 제외하면 두 가지 세계관이 영향력을 행사하고 있다는 것을 관찰했습니다.[5] 하나는 애니미즘이고, 다른 하나는 세속주의입니다. 결국 애니미즘, 세속주의, 기독교라는 세 가지 세계관이 세상을 지배하고 있다는 것입니다.

첫째, 애니미즘은 궁극적 실체를 영의 세계로 이해합니다. 운명이나 전능한 정령이 다스린다고 봅니다. 영이 모든 것을 좌우한다고 보는 운명론입니다. 둘째, 세속주의는 물질세계를 궁극적 실체로 봅니다. 인간도 물질세계의 한 부분일 뿐입니다. 인간은 복잡한 기계보다 약간 더 나은 존재이고, 정신은 물질에서 나온 의식

---

[5] 대로우 밀러/ 윤명석 옮김, 『생각은 결과를 낳는다』, 39-58.

에 불과합니다. 셋째, 성경적 유신론은 궁극적 실체를 인격으로 봅니다. 하나님도 인격이고 인간도 인격입니다. 하나님과 인간 이외에 천사들도 인격이 있습니다. 선한 천사도 있고 타락한 천사도 있습니다. 인격은 뜻이 있고 감정이 있고 서로 소통하고 자기 의지를 실행하고 관철합니다.[6]

1. 애니미즘과 동양의 일원론적 관념론

애니미즘은 세계의 토속 종교를 근간으로 합니다. 애니미즘은 정령들이 모든 사물을 움직인다고 봅니다. 진정한 세계는 보이지 않으며, 진리는 숨겨져 있고 비이성적이고, 모든 것이 신비입니다. 우주는 기본적으로 무도덕 상태이고, 세계는 악으로 가득 차 있습니다. 극동의 애니미즘은 특별히 샤머니즘이라고 부릅니다. 신령의 세계와 인간의 세계를 중개하는 샤먼 곧 무당의 역할을 강조합니다.

그러면서도 애니미즘은 "모든 것은 하나다!"라고 외칩니다. 이런 애니미즘의 토대 위에서 동양의 고등 종교가 발전했습니다. 동양의 종교는 일원론 종교입니다. 힌두교의 '범아일여' 사상이 대표적입니다. '범'(브라만)과 '아'(아트만)가 하나라는 뜻입니다. 대우주와 소우주(인간)가 하나라는 것입니다. 신학적으로는 범신론이고, 철학적으로는 관념론입니다. 불교, 도교의 노장사상, 유교 성리학도 같은 신념의 틀을 갖고 있습니다. 동학의 인내천도 같은 흐름입니다.

2. 세속주의와 서양의 이원론적 자연주의

세속주의는 19세기와 20세기 유럽에서 기원했습니다. 17세기 과학 혁명이 일어난 후, 계몽주의는 플라톤의 이원론적 우주론에서 초월적인 이데아의 세계를 제거하고 자연의 세계만 남겼습니다. 모든 초자연 세계, 초월적 세계, 사후 세계를 부정했습니다. 그들에게는 눈에 보이는 세상이 전부입니다. 인식론적으로는 인간과 세상, 주체와 객체를 분리하는 이원론입니다. 그래서 이원론적 자연주의라고 명명해 보았습니다.

세속주의는 신학적으로는 무신론 아니면 범신론이고, 철학적으로는 실재론입니다. 궁극적 실체는 물질이고(유물론), 진리는 경험적으로 검증될 수 있어야 한다고 봅니다(경험론). 도덕은 상대적이며, 가치는 사회적 공감대와 합의를 통해 나타납니다. 범신론을 믿는 세속주의도 있습니다. 이들은 신과 우주의 법칙을 동일시합니다.

세속주의는 19세기 서구에서 승리를 거두었습니다. 산업화에

---

6) 레슬리 뉴비긴은 헤럴드 터너(Harold Turner)의 원시 종교 연구를 토대로, 서구의 원자적 관점, 동양의 대양적 관점, 성경의 관계적 관점을 비교한다. 레슬리 뉴비긴/ 홍병룡 옮김, 『다원주의 사회에서의 복음』 (서울: IVP, 2007), 320. 1989년 The Gospel in a Pluralist Society라는 제목으로 출판되었다.

성공하고 물질적으로 풍요한 사회를 만들었습니다. 그러나 세속주의는 쾌락에 탐닉하다가 생기를 잃고 썩어짐에 종노릇하는 사회를 만들었습니다. 물질적 욕망은 충족시켜 줄지 몰라도, 다른 더 깊은 필요를 채워줄 능력이 없다는 것이 드러났습니다. 서구는 어떻게 세속주의 세계관을 갖게 되었을까요?

3. 서구 세계관의 세속화 과정

제임스 사이어는 『기독교 세계관과 현대 사상』에서 서구 세계관이 세속주의로 가는 철학적 과정을 추적했습니다. 그는 서구 세계관이 이신론, 자연주의, 허무주의, 실존주의, 동양 범신론 일원론, 뉴에이지, 포스트모더니즘 등으로 계속 기독교에서 벗어나는 방향으로 세속화되었다고 설명합니다. 서구는 한때 기독교 유신론의 세계관 위에 서 있었습니다. 기독교 세계관 위에서 근대 문명을 발전시켰습니다. 그러나 이제는 '포스트크리스텐덤' 즉 '탈기독교 사회'가 되었습니다.

제임스 사이어는 기독교 유신론의 세계관을 "하나님의 장엄으로 가득 찬 우주"라고 설명합니다. 그는 세계관을 알아보기 위해 던진 7가지 질문에 대해 기독교 세계관이 이렇게 대답하고 있다고 말합니다.

첫째, 진정으로 참된 최고의 실재는 무엇인가? 하나님은 무한하시고, 삼위의 인격이시며, 초월적이고 내재적이며, 전지하시고 주권자이시며 선(善)이시다.

둘째, 외부의 실재 곧 우리를 둘러싼 세계의 본질은 무엇인가? 하나님은 무에서 우주를 창조하셔서 개방 체계(open system) 속에서 인과율(원인이 결과를 낳는다는 법칙)의 '일치체'(uniformity)로 운행하도록 하셨다.

셋째, 인간은 누구이고 무엇인가? 인간은 하나님의 형상으로 창조되었으므로 인격, 자기 초월성, 지성, 도덕성, 사회성, 창조성 등을 갖고 있다. 인간은 선하게 창조되었다. 그러나 타락으로 인해 하나님의 형상은 회복될 수 없을 정도로 훼손되었다. 그러나 완전히 파괴된 것은 아니다. 하나님은 그리스도의 사역을 통해 인간을 구속(회복)하시고 선을 회복시키는 과정을 시작하셨다. 인간은 이 구속의 사실을 접하고 거부하는 길을 선택할 수 있다.

넷째, 인간이 죽으면 어떻게 되는가? 인간의 죽음은 하나님과 그분의 백성과 함께 누리는 생명의 문이기도 하고, 인간의 갈망을 궁극적으로 채워 주실 유일하신 분과 영원히 갈라지는 문일 수도 있다. (천국과 지옥)

다섯째, 지식이 가능한 까닭은 무엇인가? 인간은 주변 세계와 하나님을 알 수 있다. 하나님이 인간 안에 알 수 있는 능력을 심어 주셨고, 적극적으로 인간과 교통하시기 때문이다.

여섯째, 무엇이 옳고 그른지 어떻게 알 수 있는가? 인간의 윤리(도덕)는 초월적이며 선(거룩한 사랑)이신 하나님의 성품에 근거를 두고 있다.

일곱째, 인간 역사의 의미는 무엇인가? 역사는 직선적이다. 하나님이 하나님의 목적을 이루어 가신다. 역사는 인간에 대한 하나님의 계획을 성취시켜 가는 의미 있는 사건들의 연속이다.[7]

　　제임스 사이어에 의하면, 첫째, 이신론은 초월적 하나님이 우주를 창조했으나 스스로 운행하도록 내버려두었다고 봅니다. 인간은 우주라는 기계의 한 부품으로 간주됩니다. 둘째, 자연주의는 물질이 영원히 존재하며 신은 존재하지 않는다고 봅니다. 인간은 복잡한 기계로, 인격과 개체성은 사망과 함께 소멸합니다. 셋째, 허무주의는 삶의 모든 의미와 가치를 부정하며, 자연주의의 필연적 결과로 나타났습니다. 모든 것은 우연이며, 우주에는 의미가 없다고 봅니다. 넷째, 실존주의는 인간의 자유와 주관성을 강조하며, 허무주의를 초월하고자 합니다. 인간은 자신의 본성을 선택할 수 있는 존재로 보며, 삶의 의미를 주체적으로 창조하려고 노력합니다. 자연주의가 허무주의에 빠지자, 서양인들은 동양의 사상에 눈을 돌리기 시작했습니다. 다섯째, 동양의 범신론적 일원론은 우주와 모든 것이 하나라는 신념을 기반으로 하며, 궁극적 실체는 인간의 의식이라고 믿습니다. 여섯째, 뉴에이지는 서구의 범신론적 일원론입니다. 서구의 인본주의가 동양의 범신론적 일원론과 애니미즘을 받아들여 자연주의(합리주의, 과학주의)의 한계를 넘어가려고 시도하였습니다. 일곱째, 포스트모더니즘은 20세기 중반부터 시작된 철학적, 문화적 운동으로, 전통적인 모더니즘과 근대성을 비판하며 다양한 관점을 수용합니다. 객관적 실재를 부정하고 언어를 통한 실용적 지식만이 가능하다고 봅니다. 고정된 의미나 경계를 허물고 복수성과 다원성을 강조합니다.

제임스 사이어는 위 일곱 개의 탈기독교 세계관을 이렇게 평가합니다. 이신론은 성경의 유신론에서 하나님의 인격성을 거부하고 피조 세계의 법칙성을 주장합니다. 자연주의는 이신론에서 하나님을 버리고 인간의 자율성을 주장합니다. 허무주의는 자연주의에서 인간의 이성에 대한 믿음을 포기합니다. 실존주의는 허무주의를 극복하기 위해 개인이 의지로 주관적 개념의 진선미를 만들어 낼 수 있다고 주장합니다. 뉴에이지는 동양의 범신론적 일원론의 서양적 버전입니다. 포스트모더니즘은 실재를 부정하고 언어를 통해 실용적 지식만을 얻을 수 있다고 주장합니다.

서구의 세계관이 기독교에서 이신론, 자연주의, 허무주의, 실존주의, 동양 범신론 일원론, 뉴에이지, 포스트모더니즘 등으로 발전하며 세속화되었다는 제임스 사이어의 통찰은 놀라우면서도 마음을 무겁게 합니다.

4. 칼 세이건의 세계관: 과학주의적 일원론

서구 사회에서 가장 인기 있는 세계관은 아마도 칼 세이건의 세계관인 것 같습니다. 그는 1980년 『코스모스』를 출판했습니다.[8]

---

7) 제임스 사이어/ 김헌수 옮김, 『기독교 세계관과 현대사상』, 31-339.
8) 칼 세이건/ 홍승수 옮김, 『코스모스』(서울: 사이언스북스, 2006), 36, 674.

이 책의 첫 문장은 이렇게 시작합니다. "코스모스는 과거에도 있었고, 현재에도 있으며, 미래에도 있을 그 모든 것이다. … 코스모스를 정관하노라면 … 등골이 오싹해지고 목소리가 가늘게 떨리며 아득히 높은 데서 어렴풋한 기억의 심연으로 떨어지는 듯한, 아주 묘한 느낌에 사로잡히고는 한다." 그는 이 책을 "현대 과학이 서술한 우주 진화의 대서사시"라고 불렀습니다.

그의 세계관을 무엇이라고 정의할 수 있을까요? 나는 그의 세계관을 우주론적 일원론 혹은 과학주의적 일원론이라고 봅니다. 칼 세이건의 세계관은 과학주의와 자연주의에 기초를 두고 있습니다. 그는 과학이 진리를 탐구하는 유일하게 신뢰할 방법이라고 주장합니다. 과학적 방법론을 통해 우주의 기원, 인간의 진화, 자연의 법칙 등을 설명하며, 이를 통해 인류가 더 나은 이해와 발전을 이룰 수 있다고 믿습니다. 세이건은 감정이나 믿음, 전통적인 종교적 설명을 신뢰하지 않습니다.

물질주의(유물론)에 따라, 그는 인간의 영혼이나 영적 실체의 존재를 부정합니다. 인간의 의식과 정신 활동은 뇌의 물리적 작용 때문에 발생하는 현상으로 간주되며, 사후 세계나 영혼의 존재에 대한 믿음은 근거 없는 것으로 봅니다. 그는 우주를 강조하면서 인간의 독특성을 부정합니다. 인간은 우주에서 특별하거나 고유한 존재가 아니며, 우리는 거대한 우주의 작은 부분에 불과하다고 주장합니다. 인간은 별의 먼지에서 비롯되었으니 인간 중심적 사고에서 벗어나 우주적 시각을 가져야 한다고 합니다.

칼 세이건의 세계관은 우주를 하나의 통일된 체계로 보고 그 안에서 모든 것이 서로 연결되어 있다고 보는 점에서 무신론적 범신론에 해당합니다. 우주는 물리적 법칙에 따라 작동하며, 인간을 포함한 모든 존재는 이 우주의 일부입니다. 그는 초자연적 현상이나 신비적인 설명을 거부하고, 모든 것을 과학적이고 합리적인 방식으로 설명합니다. 동시에 그는 우주에 대한 무한한 경외심을 갖고 있습니다. 냉철한 과학자의 관점에서 무한한 우주의 신비를 경이로운 시선으로 바라보고 있습니다.

이런 세계관은 어떤 세계관일까요? 동양의 일원론에서 인간의 영혼과 사후 세계, 신적 존재들을 제거하면 칼 세이건의 우주론적 일원론이 나옵니다. 우주의 경이를 바라보는 겸손한 인간! 이것이 그가 제시하고 싶어 하는 인간의 모습입니다. 그는 서구의 차가운 과학주의 세계관을 우주론적 일원론으로 보완하고 싶어 했던 것 같습니다.

5. 한국의 세계관: 무속과 물리주의

손봉호 교수가 있습니다. 한국에서 기독교 세계관 운동을 일으키신 1세대입니다. 그는 『쉽게 풀어쓴 세계관 특강』(2023)에서 한국의 무속 신앙과 서구의 물리주의(physicalism) 세계관을 다룹니다. 그는 한국 사람들의 세계관은 무속 신앙에 뿌리를 두고 있고, 서구의 세계관은 물리주의(physicalism)와 과학주의에 갇혀 있다고 봅니다.[9]

---

9) 손봉호, 『쉽게 풀어쓴 세계관 특강』 (서울: CUP, 2023), 35, 56-72.

그는 무속 신앙에 대해 다음과 같이 정리했습니다. 무속 신앙은 인과응보보다는 귀신에게 비는 행위나 운에 의해 복을 받는다고 믿습니다. 윤리적 선악보다는 행운을 중시하며, 윤리적 기준보다는 소유의 많고 적음을 추구합니다. 이른바 기복 사상입니다. 이에 따라 신바람을 일으키거나, 물불을 가리지 않으며 초인적 능력을 발휘하는 때도 있습니다. 또한 안전 불감증을 초래하고, 신령과 자기 사이의 수직적 관계를 중시하며, 인간관계나 사회적 관계에 관한 관심이 부족한 태도를 보이기도 합니다.

손 교수는 한국이 근대화된 이후 서구의 물리주의 세계관의 영향을 크게 받고 있다고 봅니다. 물리주의는 과학이 모든 것을 설명할 수 있다는 믿음입니다. 과학주의에 갇힌 세계관입니다. 과학적으로 설명할 수 없는 것은 존재하지 않는다고 생각하고 모든 것을 물리적 현상으로 설명하려 합니다. 당연히 무신론과 불가지론의 관점입니다. 손 교수는 어느 순간 과학이 철학이 되었다고 합니다. 그는 물리주의를 외삽적 사고로 봅니다. '여기까지 설명할 수 있다면, 저기까지도 설명할 수 있을 것이다.'라는 근거 없는 사고방식이라는 것입니다.

손봉호 교수는 한국 사회에서 성경적 세계관을 실천하기 위해서는 무속 신앙, 물리주의, 그리고 숙명론을 극복해야 한다고 강조합니다. 성경적 세계관이 필요하다고 역설합니다. 그러면 성경적 세계관은 어떤 세계관일까요?

4장

†

성경적 세계관이란 무엇인가?

1. 하나님이 하나님의 나라를 세워가는 이야기

성경은 하나의 거대한 이야기입니다. 리처드 미들턴과 브라이언 왈쉬는 『그리스도인의 비전』(1984)에서 성경의 이야기가 다음 네 가지 질문에 대한 답으로 구성되어 있다고 말합니다.[10] 첫째, 우리는 어디에 있는가? 둘째, 우리는 누구인가? 셋째, 무엇이 잘못되었는가? 넷째, 어떻게 해결할 것인가?

성경은 하나님의 나라 이야기입니다. 하나님이 하나님 나라를 세워가는 이야기입니다. 하나님 나라의 확장을 막아서는 사탄의 나

---

[10] 리처드 미들턴, 브라이언 왈쉬/ 황영철 옮김, 『그리스도인의 비전』(서울: IVP, 1987). 브라이언 왈쉬는 캐나다의 철학자이고, 리처드 미들턴은 미국의 구약학자이다. 1984년 The Transfoming Vision이라는 제목으로 출판되었다.

라를 정복해 가시는 영적 전쟁의 이야기를 포함하고 있습니다. 하나님 나라 이야기는 예수 그리스도의 십자가와 부활에서 절정에 이르렀습니다. 예수 그리스도는 하나님의 언약을 성취하시고 이 땅에서 하나님의 왕국 통치를 시작하시고 교회에 천국 복음을 맡기셨습니다. 하나님 나라 이야기는 종말에 예수 그리스도의 재림을 통해 우주와 인류를 향한 창조 목적을 회복하고 완성하시는 승리의 이야기로 끝납니다. 이 이야기를 이렇게 정리해 보았습니다. 성경은 인간 나라가 아니라 하나님 나라에 대해 이야기를 하고 있습니다. 망가진 세상, 하나님이 창조하셨으나 사탄과 인간이 망가뜨린 세상을 하나님이 회복하시며 하나님의 나라를 세워가는 이야기입니다.

2. 하나님 나라의 시각으로 세상을 보는 관점

성경의 하나님 나라 이야기에서 우리는 성경적 세계관을 뽑아낼 수 있습니다. 성경은 세계를 어떻게 볼까요? 성경은 세계를 하나님 나라의 관점으로 봅니다. 하나님의 나라의 시각으로 세상을 보면 어떻게 될까요? 세상을 창조하신 하나님이 보이고, 창조주의 위임을 받아 하나님 나라를 사는 인간, 이스라엘, 교회가 보입니다. 그리고 이들이 사는 무대로서 세계와 세상이 보입니다.

크리스토퍼 라이트는 『하나님의 선교』(2006)를 썼습니다. 그는 성경에서 "하나님-이스라엘(교회)-땅(열방)"이라는 삼각 구조를 발견했습니다. 그리고 하나님이 이스라엘과 교회를 통해 땅과 열방을 선교하는 것이 성경 이야기라고 봅니다. 그는 이러한 시각으로 하나님이 세상을 창조하고 다스리시는 주권적 통치를 중심으로, 인간, 이스라엘, 교회와 같은 주체들이 그분의 계획 안에서 어떤 역할을 해 가는지 설명합니다. 하나님은 선교하시는 하나님이시고, 이스라엘은 선교하는 하나님의 백성이고, 땅은 하나님이 선교하시는 무대입니다. '하나님-이스라엘-땅'은 '하나님-인간-세계'라는 더 큰 지평으로 확대됩니다. 하나님 나라의 시각으로 세상을 볼 때, 세상을 지으신 하나님, 그 세상 안에서 하나님의 청지기로 사는 인간들, 청지기들의 과제가 드러납니다.[11]

대로우 밀러는 성경적 세계관은 왕과 왕국과 청지기로 구성되어 있다고 합니다.[12] 첫째, 우주 속에 존재하는 인격적이고 합리적이며 도덕적인 하나님이 왕으로 계십니다. 둘째, 물질계와 영계를 포함한 모든 피조물이 왕국을 구성하고 있습니다. 왕국은 청지기들과 과업을 주관하는 법칙이 있습니다. 셋째, 모든 인간은 왕국에서 청지기로 일하며 왕을 영화롭게 하는 소명을 받았습니다. 그러나 왕국 일부가 잘못되었습니다. 인간은 지존자를 거역하여 빈곤과 죽음의 늪으로 빠져들었습니다. 왕은 새로운 청지기들을 고용하셨습니다. 모두 특별한 자질이 있으며, 중요한 존재들입니다. 이들은 왕의 경제를 살리고, 왕이 숨겨 놓은 충만한 부를 개발 관리하며, 왕에 대한 지식을 널리 알려서, 왕국을 발전시키고 부흥시켜

---

11) 크리스토퍼 라이트/ 한화룡 옮김, 「하나님의 선교」(서울: IVP, 2010), 26, 30-31.
12) 대로우 밀러/ 윤명석 옮김, 「생각은 결과를 낳는다」, 90-250.

야 합니다. 이 이야기는 에덴동산에서 시작하여 새 예루살렘 도시로 끝납니다. 영광과 타락, 치유와 개발에 관한 놀라운 이야기입니다. 밀러는 성경의 하나님이 우주의 법칙, 물리적 세계와 영적 세계를 모두 다스리는 원리를 만들어 두셨다는 점에서 다른 유신론과 다르다고 주장합니다.

3. '하늘-땅-땅 아래'의 삼중 구조로 세상을 보는 관점

성경적 세계관은 공간의 차원에서 '하늘-땅-땅 아래'의 삼중 구조로 세상을 이해합니다. 마이클 하이저는 『보이지 않는 세계』(2015)에서 이 구조를 설명하며, 하나님이 천상의 세계와 지상의 세계를 창조하고, 두 세계 모두를 통치하시는 방식을 강조합니다. 하늘은 하나님의 거처이며 천상의 존재들이 모이는 장소입니다. 땅은 인간이 거주하며 하나님의 형상을 따라 지어진 창조물들이 사는 공간입니다. 땅 아래는 타락한 천사, 영적 존재들이 거주하는 곳입니다.[13]

성경은 이런 삼중적 우주적 지형도를 무대로 영적 전쟁이 일어났다고 설명합니다. 구약은 여호와가 여호와를 대적하는 신들(엘로힘)을 다스리는 가운데 이스라엘과 열국이 전쟁을 벌이는 이야기입니다. 신약은 예수 그리스도가 사탄의 왕권을 무너뜨리고 교회를 통해 하나님의 통치권을 회복하는 이야기입니다. 영적 전쟁의 무대는 이 땅입니다. 하늘의 영역에는 하나님의 보좌 아래, 신실한 하나님의 아들들, 천사들, 구원받은 하늘의 성도들이 있습니다. 땅 아래의 영역에는 마귀 사탄 아래, 옥에 갇힌 하나님의 아들들, 민족 신들, 귀신들, 구원받지 못하고 죽은 인류가 있습니다. 이 땅에서 두 영역의 통치권이 충돌하고 있습니다.

구약은 이스라엘이 영적 전쟁에서 실패한 이야기입니다. 신약은 메시아 왕 예수가 영적 전쟁에서 승리를 거두신 이야기입니다. 사탄이 하나님의 계획을 알 수 없어 십자가에서 예수 그리스도를 못 박아 죽였습니다. 예수 그리스도는 지옥에 가서 승리를 선포하셨습니다. 하나님이 예수를 부활시키시고 새 창조의 역사가 시작되었습니다. 오순절 날, 성령이 임하고 이방인의 구원, 열국의 회복이 시작되었습니다. 바울은 통치자, 정사, 권세, 능력, 주권, 왕권, 세상 주관자 등 각 영역을 통치하는 엘로힘들을 정복하며 열국을 회복하는 하나님의 선교 여정이 시작되었다고 선포했습니다. 요한계시록은 하나님이 최후의 영적 전쟁에서 승리하시는 이야기입니다. 예수 그리스도는 아마겟돈 전쟁에서 열국을 지휘하는 짐승(적그리스도)을 완패시키십니다. 역사의 마지막에 영화롭게 된 신자들이 천상 회의에 참여하고 하나님의 통치는 지상에서도 온전하게 실현됩니다.

---

13) 마이클 하이저/ 손현선 옮김, 『보이지 않는 세계』 (서울: 좋은씨앗, 2019). 41-119.

4. '창조-타락-구속-종말'의 시각으로 세상을 보는 관점

성경적 세계관은 시간의 차원에서 창조, 타락, 구속, 종말(회복)의 시각으로 세상을 이해합니다. 첫째, 하나님이 세상을 창조하시고, 인간을 하나님의 형상으로 만드셨습니다. 둘째, 인간의 불순종으로 인해 죄와 혼란이 세상에 들어왔습니다. 셋째, 하나님은 이스라엘을 택하시고, 예수 그리스도를 통해 구속의 계획을 완성하셨습니다. 넷째, 예수 그리스도의 재림과 함께 새 하늘과 새 땅이 도래하여 완전한 회복이 이루어질 것입니다.

알버트 월터스는 『창조 타락 구속』에서 타락에도 불구하고 창조 질서의 구조는 유지되었다고 합니다. 죄로 인해 방향은 잘못되었으나 구조는 그대로 유지되었습니다. 창조의 법은 죄와 악을 억제함으로써 이 땅을 완전한 파멸에서 방지합니다. 누구도 창조의 법을 무시하는 것은 불가능합니다. 종합하면, 첫째, 창조는 우리가 일상적으로 생각하는 것보다 훨씬 광범위하고 포괄적입니다. 둘째, 타락은 창조 세계에 한구석도 빠짐없이 철저히 영향을 미쳤습니다. 셋째, 예수 그리스도 안에서 구속은 타락만큼이나 그 범위가 넓습니다. 이것이 개혁주의 세계관의 핵심 내용입니다.[14]

성경적 세계관은 하나님의 주권적 통치와 그분의 구속 역사를 중심으로 세상을 이해하는 관점입니다. 이는 공간적으로 '하늘-땅-땅 아래'의 구조로, 시간상으로 '창조-타락-구속-종말(회복)'의 큰 이야기로 표현될 수 있습니다. 이 관점은 성경 전체를 통일된 이야기로 보고, 하나님이 어떻게 세상을 창조하시고 구속하시며 회복하시는지를 설명합니다.

5. 성경적 세계관의 탁월성

어떤 세계관이 좋은 세계관일까요? 우리가 살고 있는 세상을 가장 잘 설명해 주는 세계관이 바로 좋은 세계관일 것입니다. 현재 애니미즘, 동양의 일원론, 서양의 세속주의, 그리고 기독교 세계관이 가장 많은 사람들의 지지를 받고 있습니다. 이 중 어느 것이 실재를 가장 잘 반영하고 있을까요? 그 답은 죽음 이후에나 밝혀질지 모릅니다. 아마도 역사의 종말에 가서야 그 진실이 드러날 것입니다.

저는 오랫동안 성경, 신학, 철학, 세계관의 세계를 넘나들며 생각에 생각을 거듭한 끝에 이런 결론에 이르게 되었습니다. 성경은 세상 모든 세계관의 요소들을 다 포함하고 있다는 것입니다. 애니미즘(샤머니즘)은 성경이 말하는 마귀의 세계와 귀신의 존재를 설명하고 있습니다. 동양의 관념론적 일원론은 인간과 우주, 신적 존재들 간의 상호 연결성을 포착합니다. 서구 세속주의는 피조물의 세계에서 규칙과 법칙을 발견했습니다. 성경은 이 모든 요소를 포용하고 있습니다. 문제는, 성경을 계시하신 분, 영적 피조물을 만드신 분, 인간과 피조 세계를 창조하신 분이 신적 인격으로서 다

---

14)　알버트 월터스/ 양성만, 홍병룡 옮김, 『창조 타락 구속』, 139-175.

른 인간 인격들과 관계를 맺고 있다는 사실을 인정할 수 있는가 하는 것입니다.

창조주 하나님을 어떻게 알 수 있을까요? 인간이 인식할 수 있도록 허락하신 분, 인식할 수 있는 존재로 인간을 만드신 분, 그리고 인간과 교류하기를 원하시는 분이 있다는 사실, 이것이 바로 성경의 핵심 주제입니다. 성경은 단호하게 말합니다. 하나님이 자신을 계시해 주지 않으시면 인간은 하나님을 알 수 없다고 합니다. 결국 성경은 항상 미래를 향해 열려 있으며, 하나님이 이미 주신 약속을 바라보며 희망찬 시선으로 역사의 종말을 전망하고 있습니다.

2부에서는 우리의 세계관으로 바라볼 세상에 대해 살펴보겠습니다. 우리가 사는 세상은 어떤 세상일까요?

2부

세속 사회와 하나님 나라

5장

†

세속 사회

1. 찰스 테일러의 세속 사회

찰스 테일러는 우리 시대를 세속 사회라고 보았습니다.[15] 그는 『세속 시대』(2007)에서 서구의 세속화가 세 단계로 진행되었다고 설명합니다. 첫째, 공적 제도가 종교의 지배로부터 벗어났습니다. 정부와 주요 사회 기관이 특정 종교의 간섭을 받지 않고 독립적으로 운영됩니다. 종교는 사적인 문제로 간주되며 공적 공간에서 배제됩니다. 이것을 '세속화'라고 부릅니다. 둘째, 삶의 영역에서 믿음과 실천이 쇠퇴했습니다. 경제, 정치, 문화 등 사회의 모든 영역이 자율적으로 운영됩니다. 신이나 초월적 실재를 믿지 않게 되었습니다. 셋째, 불신앙을 선택하고 실천할 수 있는 문화가 형성되었습니다. 수직적 초월의 세계는 사라지고 수평적 내재 구조로 구성된 세속 사회가 되었습니다.

서구는 왜 이렇게 세속화되었을까요? 찰스 테일러는 서구 세속화의 원인을 이신론(Deism)으로 봅니다. 이신론은 하나님을 '시계공 하나님'으로 이해하는 세계관입니다. 하나님이 세계와 인간을 창조한 후 더 이상 개입하지 않는다는 것입니다. 우주는 비인격적 질서입니다. 신이 우주의 비인격적 질서 안에 존재하며, 하나님은 비인격적 질서를 통해 인간과 관계를 맺습니다. 이신론은 인간중심주의를 향합니다. 자연은 인간을 위해 존재합니다. 인간은 이성의 능력으로 자연을 이해합니다. 이성이 자연으로부터 모든 것을 알아낼 수 있습니다.

테일러는 특별히 후기 세속 사회 현상에 주목합니다. 근대 이전 서구는 불신앙이 거의 불가능한 시대였습니다. 초기 세속 사회는 불신앙을 선택할 수 있는 시대였습니다. 후기 세속 사회는 신앙을 선택할 수 있는 시대입니다. 기독교는 '다양한 선택 중 하나'가 되었습니다. 19세기 중반 이후 서구는 기독교 신앙을 유지하기 어려운 사회로 변했습니다. 불신앙이 대세인 후기 세속 사회에서 기독교는 사회에서 영향력을 상실하고 밀려났습니다.

그는 서구의 후기 세속 사회를 믿음을 저버린 사회로 보지는 않습니다. 세속 사회도 나름 새로운 믿음을 가진 사회라고 봅니다. 새로운 믿음의 조건을 가진 특별한 사회가 되었다고 합니다. 초월

---

15) Charles Taylor, *A Secular Age* (Cambridge, Massachusetts: Belknap Press of Harvard University Press, 2007), 1-20.

을 부정하고, 인간의 번영을 넘어가는 목적을 부인하는 세계관입니다.

서구 세속 사회는 어떤 특징을 갖고 있을까요? 테일러는 서구 세속 사회의 본질을 "배타적 인본주의"(exclusive humanism)로 보았습니다. 초월을 부정하고 내재적 가치만 추구하는 인간중심주의라는 뜻입니다. 배타적 인간주의는 인간 중심적 세계관을 지칭하며, 이는 인간의 행복과 번영을 최우선으로 삼습니다. 초월적 존재나 가치를 인정하지 않습니다. 배타적 인본주의라! 참 낯선 용어입니다. 서구는 19세기 중반 이후 기독교 신앙을 유지하기 힘든 사회가 되었다는 말이 참 마음이 아픕니다.

저는 최근 인본주의가 관용주의를 포기하고 전체주의로 넘어가는 현상을 관찰하며 놀라고 있습니다. 인본주의가 아니면 다 거부하고 인본주의를 강요하는 일이 벌어지고 있습니다. 어쩌다 이렇게 되었을까요? 이는 다원주의와 관련이 있는 주제입니다.

2. 레슬리 뉴비긴의 다원주의 사회

레슬리 뉴비긴(1909-1998)은 1989년 『다원주의 사회에서의 복음』에서 현대 사회를 다원주의 사회로 보았습니다. 다원주의란 무엇일까요? 다원성(plurality)은 다양한 문화, 종교, 가치관이 존재하는 사회를 설명하는 개념입니다. 반면 다원주의(pluralism)는 이런 다양성이 반드시 공존해야 한다는 철학적 입

장을 의미합니다. 즉 동일한 진리나 대상에 대해 다양한 인식의 차이가 존재할 수 있다는 주장입니다.[16]

다원주의의 기원은 어디에 있을까요? 뉴비긴은 다원주의가 근대적 사고에서, 즉 사실과 가치를 구분하는 사고방식에서 비롯되었다고 설명합니다. 서구 사회는 세계를 사실이 지배하는 공적 세계와 가치가 지배하는 사적 세계로 나누었습니다. 공적 세계는 과학적 사실에 기초한 중립적 영역이고, 사적 세계는 개인이 선택한 가치가 지배하는 주관적 영역입니다. 공적 세계는 하나의 중립적인 사실적 진리가 지배하고, 사적 세계는 다양한 사적인 가치가 지배하는 것으로 간주하였습니다. 다양한 가치를 선택하는 사적 세계에서 다원주의가 발전했다는 것입니다.[17]

리처드 마우와 산더 흐리피운은 『다원주의들과 지평들』 (1993)에서 다원주의를 두 가지 방식으로 구분하여 설명합니다. 첫째, 서술적 다원주의는 다양한 신념과 관점이 현실에서 공존한다는 의미입니다. 둘째, 규범적 다원주의는 다원주의가 따라야 할 가치임을 주장하는 개념입니다.[18]

그들은 다원주의를 세 가지 개념으로 설명합니다. 첫째, 방향적 다원주의는 사람들이 궁극적인 것에 대해 서로 다른 신념을 가진다는 의미입니다. 둘째, 연합적 다원주의는 다양한 사회적 기관들이 공존하는 구조를 지지합니다. 셋째, 상황적 다원주의는 지역

16) 레슬리 뉴비긴/ 홍병룡 옮김, 『다원주의 사회에서의 복음』, 39.
17) 앞의 책, 41-45, 398-40
18) 리처드 마우, 산더 흐리피운/ 신국원 옮김, 『다원주의들과 지평들』 (서울: IVP, 2021), 17-30.

적, 문화적, 언어적 다양성을 인정하고 이를 적극적으로 발전시킨 다는 것입니다.

기독교 관점에서 볼 때, 상황적 다원주의와 연합적 다원주의는 긍정적으로 받아들일 수 있습니다. 하나님은 창조 질서 속에서 다양성을 설계하셨고, 각 사회 영역에 고유한 권한을 부여하셨기 때문입니다. 하지만 방향적 다원주의는 기독교 입장에서 받아들일 수 없습니다. 이는 결국 상대주의로 이어집니다. 모든 진리 주장은 배타적일 수밖에 없으며, 배타적 주장을 거부하는 것 자체도 또 다른 배타적 주장입니다.

다원주의 사회는 여러 문제를 야기합니다. 뉴비긴은 시카고 대학의 알란 블룸의 『미국 지성의 종말』(1987)을 인용하여, 다원주의는 상대주의와 주관주의로 귀결된다고 보았습니다. 절대적 기준이 없으니 상대적 가치만 남습니다. 객관적 기준이 없으니 주관적 선택만 남습니다. 뉴비긴은 다원주의는 결국 권력 의지를 향해 나아간다고 합니다. 개인의 의지가 개인의 선택을 지배하고, 강한 개인이 타자에게 자기 의지를 강요하는 일이 벌어진다는 것입니다.[19]

뉴비긴은 더 심각한 문제를 지적합니다. 그는 다원주의 서구 세속 사회가 예상과 달리 새로운 이교 사회, 다신교 사회로 변모되었다고 지적합니다.[20] 서구 세속 사회는 공적 세계를 세속주의로 막아보려 했습니다. 그러나 다양한 종교와 신들이 다시 출몰하는 것을 막을 수 없었습니다. 중동에서 무슬림들이 밀려왔습니다. 동양 일원론 종교의 유입도 막을 수 없었습니다. 서구인들의 자아 숭배는 그렇다 치고, 온갖 주술이 난무하게 되었습니다.

3. 제임스 헌터의 차이와 해체의 사회

제임스 헌터는 우리 시대가 그리스도인이 살기에 힘든 시대라고 합니다. 그는 『기독교는 어떻게 세상을 바꾸는가』(2010)에서 우리 시대가 차이와 해체의 도전을 받고 있다고 봅니다.[21] 차이의 도전은 사람들이 서로 다른 세계관을 가지고 살아야 하는 다원주의 문제를 말합니다. 해체의 도전은 언어와 언어가 가리키는 실재가 일치한다는 전제가 붕괴된 해체주의의 문제를 말합니다.

차이의 도전
다원주의는 서로 다른 신념들이 공존하는 현상을 의미합니다. 서구 사회는 산업화, 도시화, 세계화, 그리고 통신 기술의 발전으로 다원주의가 가속화되었습니다. 다원주의 속에서 한때 인정받던 사회의 타당성 구조가 깨졌습니다. 어떤 문화도 절대적인 신뢰를 받지 못하고 있고, 다양한 문화 간에 우월성 경쟁이 일어나고 있습니다. 문화 전쟁 속에서 공존을 위한 최소한의 합의도 이지 못하고

---

19) 레슬리 뉴비긴/ 홍병룡 옮김, 『다원주의 사회에서의 복음』, 42-45.
20) 앞의 책, 400-407.
21) 제임스 D. 헌터/ 배덕만 옮김, 『기독교는 어떻게 세상을 변화시키는가』(서울: 새물결플러스, 2014), 293-313.

있습니다. 선택은 강요하는데 확신은 주지 못하는 사회가 되었습니다.

해체의 도전

해체주의는 특별히 언어의 의미 붕괴를 의미합니다. 근대인은 처음으로 언어와 '저 밖에 있는' 실제 세계의 관계를 의심하기 시작했습니다. 단어와 현실 세계 사이의 연결이 파괴되자, 현대인은 자신이 원하는 대로 단어에 의미를 부여할 권리를 주장하게 되었습니다. 모든 텍스트가 주관적으로 해석되는 사회가 되었습니다. 인간이 부여한 의미 중 무엇이 더 진실한지 판단할 권위가 사라졌습니다. 모든 것과 모든 사람이 의혹의 대상이 되었습니다. 재판정은 있는데 재판할 판사가 보이지 않습니다. 객관적 권위는 사라지고 욕망과 판단에 따르는 권력 의지가 난무하는 세상이 되었습니다. 회의주의와 허무주의가 만연한 세상이 되었습니다. 해체주의의 시작은 과격했지만, 진부함과 공허함으로 끝나고 말았습니다.

찰스 테일러와 레슬리 뉴비긴과 제임스 헌터의 말을 종합하면, 우리 시대는 다원주의적 세속 사회입니다. 우리는 자연적 세계에서 다양한 이데올로기와 세계관들이 난무하며 점차 허망하게 허무해지는 사회를 살고 있습니다. 이런 다원주의적 세속 사회에서 우리는 어떻게 하나님 나라를 살아갈 수 있을까요? 나는 19세기 네덜란드의 신칼빈주의 신학자 아브라함 카이퍼의 영역 주권론과 일반 은총론에서 다원주의적 세속 사회를 살아갈 수 있는 지혜의 실마리를 발견했습니다.

6장

†

어떻게 다원주의 세속 사회에서 하나님 나라를 살 것인가?

1. 아브라함 카이퍼의 영역 주권론과 일반 은총론

회심

아브라함 카이퍼(1837-1920)는 1837년 네덜란드 마슬라위스에서 개혁교회 목사의 아들로 태어났습니다. 그는 레이덴 고등학교와 레이덴 대학교에서 문학, 철학, 신학을 공부했으며, 신학을 전공했지만, 역사와 문학에 관심이 더 많았습니다. 회심 전, 그는 자유주의 신학의 영향을 받으며 공부했습니다. 그러나 1861년, 그는 약혼녀 요한나 스하이가 준 샬럿 영의 소설 『레드클리프의 상속자』(1853)를 읽고 깊은 충격을 받았습니다. 이 소설에는 두 사촌인 '필립 드 모빌'과 '기 드 모빌'의 이야기가 등장합니다. 거만한 필립이 겸손해지는 반면, 겸손한 기는 점점 위대한 모습을 드러냅니다. 카이퍼는 필립에게서 자신의 모습을 발견하고, 그를 따라 그리스도에게 무릎을 꿇고 회심을 경험하였습니다.[22] 1862년 5월 신학박사 학위를 받고 개혁교회에서 목사 안수를 받았습니다. 1863년에는 베이스트(Beesd) 교구 교회에서 목회를 시작했습니다.

그는 1866년 베이스트에서 목회하던 중 칼빈주의 신학으로 회심합니다. 당시 베이스트 교구에는 국가교회에서 가르치는 현대 신학에 반발하여 교회에 참여하지 않고 자기들끼리 모이는 비판자 그룹이 있었습니다. 사회적으로 신분이 낮은 농부나 노동자들이었습니다. 카이퍼는 이들이 하나님의 주권적 은혜와 성경의 가르침을 강하게 붙들고 있는 것을 보고 놀랐습니다. 점차 그들의 말을 듣게 되었고 결국 그도 칼빈주의 신앙으로 끌리게 되었습니다.

반현대주의 투쟁

베이스트 목회 이후, 카이퍼는 하나님의 주권을 강조하는 칼빈주의 세계관을 바탕으로 공공 영역에 진출했습니다. 19세기 후반,

---

[22] 크레이그 바르톨로뮤/ 이종인 옮김, 『아브라함 카이퍼 전통과 삶의 체계로서의 기독교 신앙』 (서울: IVP, 2023), 42-44. "필립이 무릎을 꿇었다는 부분을 내가 읽었을 때, 나도 모르게 두 손을 모으고 의자 앞에 무릎을 꿇고 있었다. 아, 그 순간 내 영혼이 경험한 것을 나는 나중에야 온전히 이해했다. 하지만 그 순간 이후 나는 내가 전에 우러러보던 것을 경멸했고, 내가 감히 경멸하던 것을 추구하게 되었다."

네덜란드는 산업화와 도시화가 급격히 진행되었고, 자유주의와 세속주의가 정치를 지배하며, 현대주의(모더니즘)가 교육을 장악해 가고 있었습니다. 카이퍼는 현대주의의 본질을 깊이 이해하고 있었으며, 당시 현대주의는 실재론(realism)을 기반으로 결국 물질주의(유물론)로 향해가고 있었습니다. 현대주의는 인간의 권위와 자율성을 출발점으로 삼아 세속주의를 발전시켰고, 신성한 것과 세속적인 것 사이의 경계를 허물며 세속을 신성화했습니다.

그는 현대주의의 복잡성을 잘 이해하고 있었습니다. 현대주의의 범신론적 성향은 문제였지만, 진화론은 과학적 연구의 일환으로 인정해야 한다고 보았습니다. 심지어 그는 현대주의가 교회의 정통 신앙을 회복하는 데 기여할 수 있다고 주장했습니다. 고대 교회가 아리우스주의 이단을 극복하고 정통 신앙을 확립한 것처럼, 현대 교회도 현대주의를 극복하고 신앙을 재건할 수 있다고 보았습니다.[23]

카이퍼는 공적 영역에서 활발히 활동했습니다. 그는 기자, 사회 로비스트, 시민운동가, 국회의원, 교수, 수상 등 다양한 역할을 맡았습니다. 1872년에는 「드 스딴트아르트」 일간지의 편집자가 되었고, 1874년에는 네덜란드 상원의원으로 선출되었습니다. 1879년에는 현대주의에 반대하는 '신반혁명당'을 창당하여 당수로 활동했으며, 1880년에는 신학뿐만 아니라 과학, 철학, 문학, 의학을 가르치는 암스테르담 자유대학교를 설립했습니다. 1901년부터 1905년까지는 네덜란드 수상으로서 칼빈주의 세계관을 바탕으로 정치적 영향력을 행사했습니다.[24]

영역 주권론

아브라함 카이퍼는 1880년 자유대학교 개교식에서 "인간 삶의 독특한 영역의 주권"이라는 주제로 중요한 연설을 하였습니다.[25] 이 연설에서 그는 영역 주권론을 제시하였으며, 그리스도께서 모든 인간 삶의 각 영역을 주권적으로 다스린다는 내용을 강조했습니다. 카이퍼는 이 자리에서 "모든 것의 주권자이신 그리스도께서 우리 인간의 모든 삶의 영역에서 단 한 인치도 '내 것이다!'라고 외치지 않으신 곳은 없습니다."라는 유명한 말을 남겼습니다.

카이퍼의 영역 주권(Sphere Sovereignty)은 두 가지 핵심 내용으로 구성됩니다. 첫째, 사회는 다양한 영역으로 나뉘어 있으며, 각 영역은 고유한 주권을 가진다는 것입니다. 예를 들어, 교회는 종교의 영역에서 신앙과 구원의 문제를 다루고, 국가는 법과 질서를 유지하는 역할을 하며, 교육과 과학은 진리와 지식을 탐구합니다. 각 영역은 하나님께서 주신 고유한 법칙(ordinances)과 책임이 있으며, 다른 영역이 이를 침해할 수 없습니다.

둘째, 사회의 각 영역은 독립적이지만, 모든 영역은 하나님의 궁극적 주권 아래에서 서로 연결되어 있다는 것입니다. 모든 영역은 하나님을 중심으로 협력해야 하며, 그리스도인들은 각자의 영

---

23) 앞의 책, 50-56.
24) 아브라함 카이퍼/ 박태현 옮김, 『영역 주권』(군포: 다함, 2020).
25) 아브라함 카이퍼/ 김기찬 옮김, 『칼빈주의 강연』(서울: 크리스찬다이제스트사, 1996).

역에서 하나님의 뜻을 실천해야 합니다. 예를 들어, 정치에서는 정의와 공의를 실현하고, 경제에서는 하나님이 주신 자원을 책임 있게 관리하며, 과학에서는 진리를 탐구하여 하나님의 창조 세계를 이해하려고 노력합니다. 독립적인 주권을 가진 각 영역은 하나님의 주권 아래에서 서로 존중하며 협력하는 관계를 유지합니다.[26]

카이퍼의 영역 주권론은 세속적이고 다원적인 사회에서 그리스도인들이 어떻게 살아가야 할지에 대한 중요한 통찰을 제공합니다. 그는 그리스도인이 각 영역에서 하나님의 뜻을 실천하며 세상을 변화시켜야 한다고 주장했습니다. 기독교 신앙은 단순히 교회 안에서만 존재하는 것이 아니라, 사회 전반에 걸쳐 하나님의 뜻을 실천하는 것임을 강조한 것입니다.

일반 은혜

카이퍼는 일반 은혜를 바탕으로 문화에 참여하는 공공 신학을 제시했습니다. 그는 1895년부터 1901년까지 「드 헤르아우트」 신문에 "일반 은혜"를 연재했으며, 1898년에는 『칼빈주의 강연』에서도 일반 은혜에 대해 다뤘습니다.[27]

일반 은혜는 타락한 세계에서 하나님이 모든 인간에게 주신 은혜로, 구속을 의미하는 특별 은혜와 달리 모든 인간에게 보편적으로 주어진 은혜입니다. 신자뿐만 아니라 비신자에게도 주어지는 이 은혜는 인간성의 공유를 가능하게 만든다고 카이퍼는 설명합니다.[28]

카이퍼는 하나님의 오래 참음으로 인해 일반 은혜가 가능하다고 봅니다. 하나님의 인내는 세상에서 일시적으로 죄를 억제하며 악행을 제한하는 중요한 역할을 합니다. 이를 통해 인류의 죄와 악이 억제되고, 인간이 완전히 멸망하는 것을 방지할 수 있습니다.[29] 일반 은혜는 두 가지 차원에서 작용합니다. 첫째, 내적 차원에서는 시민적 의무, 가정적 충성, 인간적 미덕 등의 윤리적 측면에서 영향을 미칩니다. 둘째, 외적 차원에서는 과학, 기술, 예술 발전 등 인간 문명의 향상에 기여합니다.[30]

카이퍼는 일반 은혜를 근거로 그리스도인이 문화 발전과 사회 건설 등 공공의 삶에 적극적으로 참여해야 한다고 주장합니다. 일반 은혜는 죄의 영향을 억제할 뿐만 아니라, 창조 세계의 지속적 발전과 사회적 진보를 가능하게 합니다. 카이퍼는 이렇게 말합니다. "일반 은혜는 우리의 삶의 표준을 높이고, 지식을 풍성하게 하며, 인간적인 기량을 늘리고, 생활 방식을 세련되게 다듬습니다. 이 모든 것을 통해 우리의 능력과 자연에 대한 지배력은 계속해서 커집니다."[31] 일반 은혜는 창조 질서를 유지하고 악을 억제할 뿐만 아니라, 인간의 문화적 성취를 가능하게 합니다.

카이퍼는 일반 은혜가 이 세상에서 인류의 발전에 기여했지만

---

26) 크레이그 바르톨로뮤/ 이종인 옮김, 「아브라함 카이퍼 전통과 삶의 체계로서의 기독교 신앙」, 220-243.
27) 앞의 책, 73-86.
28) 아브라함 카이퍼/ 임원주 옮김, 『일반 은혜: 타락한 세계를 향한 하나님의 선물, 1권: 역사적인 부분』(서울: 부흥과개혁사, 2017), 41-42. 2015년 Common Grace: God's Gifts for a Fallen World라는 제목으로 출판되었다.
29) 앞의 책, 43-45.
30) 앞의 책, 637.
31) 앞의 책, 627.

적그리스도 세력도 그 결실로 더 악한 일을 저지르기 때문에, 그 결실은 궁극적으로 새 하늘과 새 땅에서 영원한 의미를 가진다고 봅니다. 일반 은혜가 이 세상의 발전을 이끌어낸 열매는, 궁극적으로 하나님의 영광의 나라로 들어가게 되며, 구속받은 인류는 새 예루살렘에서 일반 은혜로 이루어진 열방의 영광과 존귀를 누리게 될 것이라고 보았습니다(계 21:26).

카이퍼의 기독교적 다원주의

카이퍼가 왜 영역 주권론과 일반 은총론을 발전시켰을까요? 그 이유는 그리스도인이 사회 각 영역에 참여하면서, 서로 다른 세계관을 가진 시민들과 함께 살아가야 하는 문제에 직면했기 때문입니다. 당시 네덜란드는 개혁교회 세계관, 가톨릭교회 세계관, 세속주의 세계관을 가진 다양한 사람들이 공존하는 사회였습니다. 카이퍼는 그리스도인이 다른 세계관을 가진 사람들과 어떻게 공동체를 이루어 살아갈 수 있을지 깊이 고민했습니다.

그렇다면, 영역 주권론과 일반 은총론을 주장함으로써 얻을 수 있는 유익은 무엇일까요? 첫째, 영역 주권론을 통해 국가가 세속주의 세계관으로 사회 여러 영역을 지배하는 것을 막을 수 있습니다. 카이퍼는 국가가 모든 교육을 독점하는 것을 반대하고, 다원적 교육 시스템을 지지했습니다. 그는 특정 종파가 자신들의 사립 학교를 설립할 수 있도록 허용함으로써, 종교적 및 사상적 다양성을 인정하고 존중하는 사회를 꿈꾸었습니다.

둘째, 일반 은총을 주장함으로써, 서로 다른 세계관을 가진 시민들과 함께 국가 건설에 참여할 가능성이 열립니다. 카이퍼는 그리스도인이 특별 은총의 관점에서는 세상과 '반립'적인 태도를 취할 수밖에 없지만, 일반 은총의 관점에서는 세상과 공유하는 은혜를 바탕으로 다른 시민들과 협력하며 사회적 책임을 다할 수 있다고 강조했습니다.

결국, 카이퍼는 영역 주권론과 일반 은총론을 통해 점차 다원주의 사회로 변해가고 있던 네덜란드에서, 서로 다른 세계관을 가진 시민들이 공존할 수 있는 공적 삶의 방식을 개발하려 했습니다. 그는 그리스도인과 비기독교인이 각자의 세계관을 존중하면서도 사회적 참여와 협력을 할 수 있는 세상을 꿈꿨던 것으로 보입니다.

저는 카이퍼의 일반 은총론에서 많은 감동을 하였습니다. 카이퍼는 일반 은총이 특별 은총의 기초가 되며, 특별 은총의 궁극적인 목적은 하나님께서 창조하시고 보존하며 결코 버리지 않으신 이 세상을 구원하는 것이라고 봅니다. 두 은총을 분리하면 특별 은총이 공허하게 떠 있는 것과 같다고 그는 주장합니다. 또한, 카이퍼는 개혁주의 신앙고백이 자연과 은혜의 관계, 즉 일반 은총과 특별 은총이 서로 연결되어 있음을 강조한다고 말합니다.

저는 이런 카이퍼의 일반 은총론에서 하나님은 시대마다 구속사의 특별 은총과 그 시대의 보편적인 일반 은총을 결합하여 하나님 나라 문명을 세우셨다는 통찰을 얻었습니다. 이 가설의 타당성을 평가하기 위해 역사를 되돌아보며, 일반 은총과 특별 은총의 내용을 다시 한번 정리해 보았습니다.

2. 일반 은총과 특별 은총의 결합

일반 은총

하나님은 인간이 타락한 후에도 창조 때 모든 인류에게 주신 은혜를 계속 베풀기로 작정하셨습니다. 나중에 구속하시기 위해서라도 우선 인류를 보존하실 필요가 있으셨습니다. 이것은 이스라엘에게 주신 특별 은총과 구별하여 일반 은총이라고 부를 만합니다. 하나님을 믿든 안 믿든 모든 사람에게 주신 보편적 은혜라는 뜻입니다. "이는 하나님이 그 해를 악인과 선인에게 비추시며 비를 의로운 자와 불의한 자에게 내려주심이라"(마 5:45).

하나님은 인류의 반역에도 불구하고 일반 은총을 통해 창조 질서를 유지하시고 문명을 건설할 수 있도록 하셨습니다. 이로 인해 아담과 하와의 직계 후손들은 문명을 건설할 수 있었습니다. 가인은 에녹 성을 쌓았고, 야발은 가축을 치는 자의 조상이 되었고, 유발은 수금과 통소를 잡는 자의 조상이 되었고, 두발가인은 구리와 쇠로 여러 가지 기구를 만드는 자의 조상이 되었습니다(창 4:20-22). 고대 근동과 서양에서 대표적인 일반 은총의 문명은 수메르 문명과 이집트 문명, 그리스 문명입니다. 동양의 대표적인 일반 은총의 문명은 인도 문명과 중국 문명입니다.

특별 은총

일반 은총은 인류를 보존할 수 있으나 구원할 수는 없었습니다. 구원하기 위해서는 특별한 은총이 필요했습니다. 특별 은총은 구속의 은혜입니다. 하나님께서 망가진 세상을 회복하기 위해 이스라엘을 선택하셨습니다. 이스라엘을 제사장 나라로 삼아 열방을 하나님께로 이끌 계획을 세우셨습니다. 이스라엘이 이 사명에 실패하자, 하나님은 품에 있던 아들 예수 그리스도를 세상에 보내시어 교회를 만드셨습니다. 하나님은 교회를 통해 세상을 구원하시기로 하셨습니다. 특별 은총은 열방과 세상을 회복하기 위한 하나님의 구속 계획이라는 것입니다.

하나님 나라 문명

하나님은 먼저 일반 은총을 주시고, 그다음에 특별 은총을 주셨습니다. 타락 후 바로 일반 은총을 주시고, 그 후에 특별 은총을 주셨습니다. 일반 은총도 하나님의 초자연적인 은총이며, 특별 은총 역시 하나님의 은총입니다. 성경과 교회 역사를 살펴보면, 하나님의 백성들은 구속사의 특별 은총과 당대의 일반 은총을 결합하여 그 시대에 상황에 맞는 하나님 나라 문명을 건설해 왔습니다. 하나님이 처음으로 일으키신 하나님 나라 문명은 이스라엘 문명이었습니다.

이스라엘

이스라엘 문명은 모세의 율법과 고대 근동 문명 결합의 산물입니다. 이스라엘은 수메르 문명과 이집트 문명의 영향을 받았습니다. 수메르 문명은 BC 3,000-2,300년경 메소포타미아 지역에서 발생하였고, 쐐기(설형) 문자를 사용했습니다. 아카드 문명과 아모리 문명이 뒤를 이었으며, 바벨론 왕국과 헷 왕국도 중요한 역할을 했습니다. 아브라함은 갈대아 우르에서 나와 하란에 정착한 후, 헷 족속으로부터 밭을 사서 아내 사라의 매장지를 삼았습니다(창 23:3-20). 이집트 문명은 BC 3,100년경 나일강 유역에서 시작되었으며, 그림(상형) 문자를 사용했습니다. 아브라함은 기근 때 애굽에 내려갔다가 돌아왔습니다(창세기 12:10-20). 모세는 애굽 궁정에서 성장하여 애굽 문명에 익숙했습니다(출 1-2장).

이스라엘은 수메르 문명과 이집트 문명을 배경으로 모세 율법을 실현하는 제사장 나라 문명을 만들었습니다. 다윗과 솔로몬 때 제법 나라다운 나라를 만들었습니다. 이스라엘은 모세 율법에 충실하지 못하고, 고대 근동의 타락한 우상 종교들을 함께 섬기다가 망하고 말았습니다. 앗수르, 바벨론에 차례로 망하고, 페르시아의 지배를 받았습니다. 그다음 헬라 제국, 로마 제국의 지배를 받았습니다. 예수 그리스도는 헬레니즘 문화가 지배하는 이스라엘 유대 문명 안에서 성육신하셨습니다. 이스라엘의 실패를 복구하시고 인류를 구속하시는 특별 은총의 역사를 전개하셨습니다.

초대 교회

초대 교회와 고대 교회는 예수 그리스도의 특별 은총과 헬레니즘 문명을 결합하여 기독교 문명을 만들었습니다. 그리스 문명은 인류 최고의 일반 은총입니다. 주전 750년경 시작되어 주전 600-338년경에 황금기를 맞이했습니다. 그리스는 산맥과 계곡으로 이루어진 지형 덕분에 약 1,000개의 도시 국가가 서로 경쟁하며 전혀 다른 문화를 만들었습니다. 전쟁, 민주주의, 경제 발전, 문자 문해력, 예술, 기술, 사변 철학과 형식 논리 등의 여러 측면에서 혁신적 문명을 이루었습니다. 체계적인 방법으로 자연 현상의 원인을 규명하려는 태도는 서양 과학의 발흥을 위한 기초를 마련했습니다.

고대 교회는 기독교 신앙과 헬레니즘 철학을 결합하여 교부 신학을 발전시켰습니다. 헬레니즘 미술 양식을 이용하여 카타콤(지하 묘지) 벽화에서 그리스도의 삶과 구원의 이야기를 그림으로 그렸습니다. 헬레니즘의 초상화 기법을 이용하여 이콘(icon) 미술을 탄생시켰습니다. 헬레니즘 건축 양식을 채택하여 소피아 성당 같은 대규모 성당을 건축했습니다. 로마의 바실리카 건축 양식으로 교회를 지었습니다. 로마법을 기독교적으로 변형하여 감독-총대주교 교회 정치 체제를 개발했습니다. 헬레니즘 도시 사회의 구조를 활용하여 구제와 치유를 위한 병원을 만들었습니다. 바실(330-379)은 갑바도기아에 바실리아드라는 대규모 병원과 복지 시설을 설립하여 병자와 가난한 자들을 돌봤습니다.

중세 교회

중세 로마 가톨릭교회는 기독교 신앙과 게르만 문명을 결합하여 유럽 문명의 토대를 만들었습니다. 게르만족은 전사 계층을 중심으로 강한 공동체적 법률과 정치 조직이 있는 부족 사회였습니다. 로마 가톨릭교회의 종교적 권위와 게르만족의 전통적 정치 권위가 결합하여 봉건제도의 위계질서가 형성되었습니다. 중세 교회는 지식과 교육의 중심지였습니다. 수도원과 대학교를 통해 학문과 예술을 보존하고 발전시켰습니다. 교회와 수도원이 교육과 의료 활동을 발전시켰습니다. 파리 대학교, 볼로냐 대학교, 옥스퍼드 대학교 등 대학을 세웠습니다. 대학에서 기독교 신앙을 토대로 과학적 탐구를 계속 발전시켰습니다. 건축 기술이 발전되어 고딕 성당 건축 양식을 발전시켰습니다. 신앙과 전통, 이성적 질서와 도덕적 가치가 융합된 유럽 문명을 만들었습니다.

개신 교회

종교개혁 이후, 개신교회는 르네상스 문명을 토대로 서구 근대 문명을 탄생시켰습니다. 종교개혁은 성경을 토대로 중세 후기 로마 가톨릭교회의 부패를 극복하기 위한 개혁 운동입니다. 마틴 루터와 장 칼뱅 등은 교회의 부패를 비판하고 성경 중심의 신앙을 강조했습니다. 종교개혁은 르네상스 문명을 배경으로 하고 있습니다. 르네상스는 그리스의 고전 연구를 다시 회복하는 운동입니다. 개신교회는 고전 읽기와 성경 읽기를 결합하여 교육을 중시했습니다. 문맹률을 낮추고 민족어 발전을 촉진했습니다. 신학뿐만 아니라 세속 학문도 중요시하며, 많은 명문 대학들을 세웠습니다. 노동을 소명으로 보았고, 성실한 노동 윤리를 형성하여 자본주의가 발전하는 것을 도왔습니다. 신앙의 자유와 교회 및 국가로부터의 독립을 강조하며 인권과 민주주의 발전의 기반을 마련했습니다. 노예제 폐지, 여성 권리 증진, 교육과 의료 개혁 등 사회 개혁을 주도했습니다. 성경적 신앙을 가진 과학자들은 자연 세계의 이해를 추구하며 과학적 탐구를 장려했습니다. 인쇄술, 항해술, 의학 등에서 기술 발전을 이루며 근대 문명의 물질적 기반을 강화했습니다. 개신교회는 교육, 경제, 정치, 사회, 과학 등 다양한 분야에서 혁신과 발전을 이끌며 근대 문명의 기초를 마련했습니다. 기독교적 가치와 원리를 바탕으로 이루어진 이러한 발전은 인간 사회의 전반적인 번영으로 이어졌습니다.

특히 칼빈주의 개신교 국가들은 개신교 노동 윤리를 기반으로 경제적 번영을 이루며, 상업과 산업 발전에 크게 기여했습니다. 영국과 네덜란드는 17세기와 18세기에 걸쳐 해상 무역과 금융에서 큰 발전을 이루었습니다. 이러한 경제적 발전은 근대 문명의 물질적 기반을 형성하고, 글로벌 경제 체제의 확립에 기여했습니다. 성경의 가르침에 따라 인간의 존엄성과 자유를 중시하였으며, 이는 민주주의와 인권의 발전에 큰 영향을 미쳤습니다. 개신교는 개인의 신앙 자유를 강조하며, 교회와 국가로부터의 독립을 추구했습니다. 이는 정치적 자유와 민주주의 발전의 기반이 되었습니다. 개신교적 가치인 자유와 평등은 미국 독립선언(1776년)을 만들었고, 프랑스 혁명(1789년)에 영향을 주었습니다.

미국 교회

미국 개신교회는 기독교 복음주의 신앙과 계몽주의를 결합하여 독특한 미국 기독교 문명을 만들었습니다. 복음주의 신앙은 특별 은총의 역사로 개인의 회심, 성경의 권위, 그리스도의 구속 사역을 강조합니다. 미국에서 대각성 운동을 통해 개인의 도덕적 책임과 사회적 개혁을 이루었습니다. 계몽주의는 일반 은총의 역사로 이성, 과학, 개인의 인권, 자유를 강조한 18세기 유럽의 지적 운동입니다. 계몽주의의 영향으로 미국에서는 정치적, 사회적 제도들이 인간의 이성과 자연법에 기초하여 발전했습니다. 이 과정에서 스코틀랜드 상식 철학이 중요한 역할을 했습니다. 스코틀랜드 상식 철학은 인간 이성이 신뢰할 수 있고, 인간의 상식적 판단이 진리에 이를 수 있다는 믿음을 강조하여, 건국의 아버지들이 헌법과 사회 제도를 설계할 때 영향을 미쳤습니다.

　미국은 두 흐름의 결합으로 독특한 기독교 문명을 형성했습니다. 국가는 세속 국가가 되었으나 신앙과 이성이 조화를 이루는 기독교 문명은 유지되었습니다. 이러한 구조는 미국 사회에서 종교적 자유, 민주주의, 그리고 인간 존엄성을 중시하는 문화를 발전시켰습니다. 헌법으로 왕이 없는 민주주의 정치 체제를 만들었습니다. 정치와 종교를 분리하여, 종교의 자유를 확보하였습니다. 상식 철학에 근거하여 일상적 경험과 도덕적 직관의 중요성을 강조하여 공공의 복지를 추구하는 교육과 법률 제도를 만들었습니다. 개인의 자율성과 책임감을 강조하는 동시에, 사회적 구조의 개혁을 촉진했습니다.

　미국에서 복음주의 신앙과 스코틀랜드 상식 철학이 결합한 결과는 놀라운 성과를 거두었습니다. 신앙과 이성이 조화롭게 공존하는 사회가 형성되었고, 이 균형을 유지하면서도 인간 사회의 발전과 공공의 복지를 추구한 끝에 전례 없는 풍요로운 신대륙의 문명이 탄생했습니다. 계몽주의의 합리적 요소와 복음주의의 영적 요소가 결합한 미국 기독교 문명은 인류에게 새로운 미래의 가능성을 보여주었습니다.

아브라함 카이퍼의 영역 주권론과 일반 은총론은 제게 그리스도인이 현대 다원주의 사회에서 여러 사회 영역에 참여해야 하고 또 할 수 있다는 자신감을 주었습니다. 영역 주권론과 관련하여 최근 일곱산 선교 이론이 주목을 받고 있습니다. 일곱산 선교 이론은 랜스 월나우의 '일곱산 사명'(Seven Mountains Mandate)에서 체계적으로 정리되었습니다.

3. 일곱산 선교 이론

1) 랜스 월나우의 일곱산 사명

어떻게 다원주의 세속 사회에서 하나님 나라를 살 것인가 하는 문제로 고민할 때, 19세기 기독교 전통 중 가장 도움이 된 것이 아브라함 카이퍼의 영역 주권론이라면, 20세기에서 가장 도움이 된 것은 랜스 월나우의 '일곱산 사명' 이론입니다.[32] 그리스도인이

---

32) 랜스 월나우, "일곱 산의 위임 통치령," 체안 편/ 진현우 옮김, 『개혁가의 서약』 (WLI, 2011), 207-227; 랜스 월나우의 서약, "나는 문화의 일곱 산(종교, 가정, 비즈니스, 정부, 교육, 미디어, 예술과 예능) 중에서 하나님이 내게 오르라고 하시는 산이 무엇인지 알아내고, 부르심을 받은 그 영역의 개혁에 기여할 것이다(마 28:18-20)." 랜스 월나우는 변혁 분야 전문가로서 랜스 러닝 그룹(the Lance Learning) 회사를 운영하고 있다. 그리스도인이 직업적 삶에서 자신의 은사와 재능과 기술을 활성화함으로써 세속의 영역을 향하여 영향을 미치도록 하는 일에 헌신하고 있다.(www.lancelearning.com)

사회의 일곱 가지 핵심 영역에서 권위를 얻어 사회를 변화시키고 영향을 미쳐야 한다는 주장입니다. 카이퍼의 영역 주권론과 비교해 보면, 사회를 일곱 단위로 세분하여 보다 더 체계적으로 사고하도록 도와주는 장점이 있습니다.

로렌 커닝햄과 빌 브라이트

'일곱산' 이론은 로렌 커닝햄(YWAM)과 빌 브라이트(CCC)의 만남에서 기원한 것으로 알려져 있습니다. 1975년 로렌 커닝햄은 왜 이렇게 열심히 복음을 전하는데 미국 사회가 변하지 않을까 고민했습니다. 그러다가 영혼 구원만으로는 안 되고, 사회의 일곱 영역에 집중해야 세상을 하나님께 돌릴 수 있다는 계시를 받았습니다. 그때 받은 일곱 영역은 교회, 가정, 교육, 정부와 법, 미디어(텔레비전, 라디오, 신문, 인터넷), 예술과 연예와 스포츠, 상업과 과학과 기술이었습니다. 사회를 형성하는 일곱 개의 사고의 틀(mind molders)에 대한 내용입니다. 그는 다음 날 빌 브라이트와 점심을 함께 먹기로 한 약속이 있었습니다. 그가 받은 계시 내용을 얘기하려고 하는데, 빌 브라이트가 먼저 자기가 받은 일곱 영역의 계시를 얘기했습니다. 순서는 달랐으나 내용은 동일했습니다.

1980년대 이후 두 사람은 이 내용을 가르치기 시작했습니다. 로렌 커닝햄은 YWAM을 통해 사회의 다양한 영역에서 기독교의 영향력을 강조했고, 빌 브라이트도 CCC를 통해 그리스도인이 사회에서 적극적으로 활동해야 한다는 메시지를 지속적으로 전달했습니다. 1990년대 피터 와그너가 이끄는 신사도 개혁 운동과 관련된 은사주의 교회들이 이 메시지를 받았습니다. 그들은 성령의 능력과 권세를 받아 일곱산을 선교해야 한다고 주장하기 시작했습니다.

랜스 월나우의 일곱산 사명

랜스 월나우는 로렌 커닝햄에게 그가 일곱 영역의 계시를 받은 이야기를 듣고, '일곱산 사명'(Seven Mountains Mandate)을 주장하기 시작했습니다. 그는 세상의 주요 일곱 영역을 일곱 산이라고 불렀습니다. 일곱 산은 사람들이 사고하는 방식을 형성하는 강력한 세력권을 의미합니다. 현재 이 시대의 왕들은 이 산들의 꼭대기에 자리를 잡고 다스리고 있으며, 그들은 각자 자신들의 산 위에 '견고한 진'을 구축하고 이념과 문화적 가치관을 강화합니다. 이를 통해 문화와 영적 분위기를 형성하고 있습니다. 월나우는 그리스도인이 일곱 산을 정복함으로써 성경적 가치를 기반으로 세계의 문화와 사회를 변화시키고, 열방을 추수할 수 있다고 주장합니다.

잃어버린 복음, 잃어버린 왕들

월나우는 바울이 이방인과 이방의 왕들에게 복음을 전하는 사명을 받았다는 것에 주목합니다. "이 사람은 내 이름을 이방인과 임금들과 이스라엘 자손들에게 전하기 위해 택한 나의 그릇이라"(행 9:15) 현대의 왕들은 누구일까요? 월나우는 문화의 일곱 산에서 강력한 영향을 미치는 이들이라고 봅니다. 각 영역을 지키는 권세자(gate keeper)들입니다. 이들은 각 산의 꼭대기에서 세력권을 행사하며, 사회와 문화의 흐름을 좌우합니다. 세상의 왕들은 각자의 영역에서 높은 권세와 강력한 영향력을 갖고 있습니다. 그들은 도덕적으로 문제가 많지만, 아주 유능하고 서로 경쟁하며 막강한 힘을 행사하고 있습니다. 사탄은 자신의 권세를 강화하기 위해 '하늘에 있는 악의 영들'(엡 6:12)을 이 영역에 배치합니다. 지옥의 권세가 이 전략적 요충지를 지배하고 있습니다.

월나우는 예수 그리스도가 제자들을 늑대 무리에게 파송하신 말씀에도 주목합니다. "보라 내가 너희를 보냄이 이리 가운데로 보냄과 같도다"(마 10:16) "어떤 성이나 마을에 들어가든지 그 중에 합당한 자를 찾아내어 너희가 떠나기까지 거기서 머물라"(마 10:11) 월나우는 예수 그리스도가 늑대 무리 중 영향력 있는 자, 즉 늑대왕의 집에 들어가서 하나님 나라 복음을 전하라고 하신 것으로 이해했습니다. 하늘의 왕이 도착하셨다는 포고령을 선포하라고 하셨다는 것입니다. 모든 인간의 심판자, 왕 중의 왕, 선하신 왕, 늑대들이 지금까지 가져본 적 없는 최고의 친구가 오셨다는 메시지를 전하라 하셨다는 것입니다.

천국 복음을 들은 늑대왕들은 어떤 반응을 보이게 될까요? 늑대왕들은 영리한 자들입니다. 그들은 자기가 하늘의 왕께 협력하기만 하면, 그분이 자신의 성공을 도우시리라는 사실을 알게 될 것입니다. 늑대왕들이 영광의 왕을 영화롭게 하면 악한 왕이나 약한 왕이 아니라 진정한 왕이 될 것입니다.

성속 이원론의 폐해

많은 그리스도인은 교회와 문화, 즉 성스러운 것과 세속적인 것 사이에 큰 경계를 두고 있습니다. 교회는 거룩하고 영적인 산이며 나머지 산들은 비천하고 세상에 속한 산들이라고 생각합니다. 성속 이원론입니다. 교회가 문화와 사회와 무관한 영역에 속한다고 보는 잘못된 관점입니다. 그러나 실제로는 모든 산, 즉 모든 사회적 영역이 하나님의 통치 아래에 있습니다. 교회는 이러한 성속 이원론을 극복해야 세상 모든 영역에 하나님 나라의 가치를 실현할 수 있습니다. 세상의 모든 산은 다 영적입니다.

성속 이원론은 사탄의 작품입니다. 사탄은 이를 통해 한때 그리스도를 따르는 자들이 차지하고 있던 모든 영역에 이방의 신들이 영적으로 침탈해 오도록 문을 열었습니다. 그리스도인이 대학을 그들에게 내어주었을 때, 지식의 유혹의 영들이 거짓 계몽으로 1960년대 히피들을 사로잡았습니다. 히피들은 오늘날 대학에서 우리의 자녀들을 가르치는 교수들이 되었습니다. 미국에서 그리스도인과 목회자를 기르기 위해 세워진 대학 230곳이 세속의 세력에 넘어갔습니다. 성과 속의 분리 때문에 오늘날 교회의 산이 사회와는 아무런 상관도 없게 되었습니다.

그리스도인들은 많은 영역을 세상에 내어주었고, 그로 인해 문화의 일곱 산이 어둠의 권세에 의해 지배당하는 상황이 발생했습니다. 종교, 가정, 교육, 정부, 미디어, 예술과 엔터테인먼트, 그리고 비즈니스라는 일곱 개의 주요 고지(산)가 어둠에 넘어갔습니다.

일곱산의 문제

　일곱 산에 진리를 선포할 사람들이 없으면 많은 폐해가 발생합니다. 첫째, 종교의 영역에서 사람들은 하나님과의 교제가 망가져 고통을 당합니다. 둘째, 가정의 영역에서 상처받은 부모들은 이혼으로 갈라서고 종종 보호받지 못하는 그들의 자녀들은 착취와 학대와 유기를 당합니다. 셋째, 교육의 영역에서 미국의 망가진 시스템은 학생의 교육에 실패하고 있으며, 높은 문맹률 때문에 세계의 절반 이상이 번영의 약속을 이루지 못하고 있습니다. 넷째, 정부의 영역에서 망가진 사법 시스템, 유해한 입법, 부패가 세계의 모든 지역을 오염시키고 있습니다. 다섯째, 미디어와 예술의 영역에서 진실을 말하지 않는 거짓된 신탁이 더러운 영상과 파괴적 음악을 만들어내고 있으며, 아름답게 만들어진 형상들을 왜곡시키고 있습니다. 여섯째, 과학과 기술의 영역에서 망가진 의료와 비뚤어진 과학이 전 세계적인 파괴를 자행하고 있습니다. 일곱째, 비즈니스의 영역에서 기회와 품위가 강탈된 경제는 탐욕과 가난으로 가득 차 있습니다.

　이것은 우리가 사탄에게 지배하도록 넘겨준 고지들입니다. 우리에게 주어진 치유자와 해방자로서 역할을 보지 못했기 때문에 이런 일이 일어났습니다. "이 천국 복음이 (구원의 복음이 아니라) 이 모든 민족에게 증언되기 위하여 온 세상에 전파되리니 그제야 끝이 오리라"(마 24:4) 이제 교회는 교회의 산 바깥으로 나가, 각 영역에서 하나님의 능력과 권세를 선포해야 합니다. 우리는 예수의 강력한 능력을 모든 영역에 적용하고, 그분의 증거를 나타내야 합니다.

지금 우리는 교회의 산을 통해서만 증언하고 있습니다. 우리는 구원의 도를 선포하되, 그와 함께 우리의 설교의 말씀에 초자연적 권세가 있음을 알게 하도록 치유를 일으켜 주시거나 혹은 음성을 들려주시도록 기도할 수 있습니다. '모든 것들'(만물) 위에 예수의 강력한 능력을 풀어놓는 것에 대하여 우리가 거부할 때 우리의 증언은 피상적인 것이 될 것입니다. 우리는 하나님의 능력을 사후세계에 관련된 일로만 한정시키지 말아야 합니다.

일곱산 재정복

하나님은 다시 일곱 산을 취하라 하십니다. 이 모든 산은 원래 하나님의 것이었기 때문입니다. 어떻게 해야 할까요? 영혼 구원만으로 되지 않습니다. 다수의 개종으로는 이 일을 이룰 수 없습니다. 아니 다수의 개종이 필요하지도 않습니다. 문화적 권세가 있는 자리에 소수의 제자를 배치하면 됩니다. 종교, 가정, 교육, 정부, 미디어, 예술과 엔터테인먼트, 그리고 비즈니스라는 일곱 개의 주요 고지(산)에 하나님의 제자들을 배치하면 됩니다. 고지의 적재적소에 제자들을 적절하게 배치하고 연합하면, 소수의 사람으로도 사회적으로 중요한 의제를 만들어 낼 수 있습니다. 소수의 제자가 그들의 위치에서 영향력을 발휘하며, 문화와 사회의 흐름을 바꿀 수 있습니다.

세계는 다중적인 시스템과 세력권이 씨줄과 날줄처럼 얽힌 매트릭스입니다. 우리는 그 매트릭스 전체로 가라는 소명을 받았습니다. 그 시스템의 완전한 잠재력을 발현시킬 수 있도록 해 주는 영향력을 가지고 모든 시스템 안으로 침투하라는 소명을 받았습니다. 이사야는 이렇게 말했습니다. "말일에 여호와의 전의 산이 모든 산 꼭대기에 굳게 설 것이요 모든 작은 산 위에 뛰어나리니 만방이 그리로 모여들 것이라"(사 2:2)

"모든 민족을 제자로 삼으라"(마 28:19)는 예수 그리스도의 지상 명령은 단순한 교회 내의 전도 활동을 넘어서, 모든 문화적 시스템과 영역에 대한 전방위적 접근을 요구합니다. 각 영역은 독특한 구조와 문화, 사고방식을 가지고 있으며, 이 모든 것에 대한 이해와 적용이 필요합니다. 이를 통해 교회는 문화적 권세를 행사하고, 하나님의 나라를 세상에 실현하는 역할을 하게 됩니다.

지상 명령은 경제, 예술, 가정, 교육, 정부 등 각 영역에 대해 구별된 성경적 시각과 성경의 지혜가 있다는 것을 암시합니다. 모든 영역의 모든 것을 다 알 필요는 없습니다. 하지만 자신이 속한 영역에서는 하나님의 지혜를 구하고, 그분의 관점에서 해당 영역을 깊이 이해해야 합니다. 특히, 각 영역에 담긴 성경의 지혜를 찾아내야 합니다. 동시에, 하나님께서는 각 영역을 위해 특별 은총으로 숨겨진 지혜와 계시를 주셔서, 그리스도인들이 그 지혜와 계시를 적용할 때 뛰어난 결과를 만들어낼 수 있는 능력을 허락하십니다.

영역별 영적 전쟁

각 영역은 독특한 구조와 문화를 가지고 있으며, 이는 각기 다른 세계관을 형성합니다. 이러한 영역에서의 싸움은 그 영역을 지배하는 사상을 놓고, 그 사상을 전파할 권력을 가장 많이 가진 사람들 사이에서 벌어지고 있습니다. 사도 바울은 이 싸움에서 혈과 육을 상대하지 말고 통치자들과 권세자들을 상대하라고 말합니다 (엡 6:12). 이 사고의 견고한 진들을 다루는 우리의 싸움은 '하나님 아는 것을 대적하여 높아진 것을 다 무너뜨리고 모든 생각을 사로잡는 것'(고후 10:5)입니다. 어둠의 권세를 깨뜨리기 위해서는 교회가 반드시 자기 모습을 각 영역에 드러내야 합니다. 오직 교회만이 음부의 권세에 맞설 영적 권세를 가지고 있습니다.

두 시대를 사는 증인의 삶

그리스도인은 현재 내세의 시대와 현세의 시대를 동시에 삽니다. 장차 올 하나님 나라의 능력을 현세에 가져올 권세를 가지고 있습니다(히 6:5). 세상에 하나님 나라의 실체를 증거하는 증인으로서 살아가야 합니다. "이 천국 복음이 모든 민족에게 증언되기 위하여 온 세상에 전파되리니 그제야 끝이 오리라"(마 24:14)라는 말씀처럼, 우리는 하나님 나라의 증인으로서 이 세상에 복음을 선포해야 합니다.

그리스도인은 왕과 제사장으로서 복합적인 기름 부으심을 받았습니다. 우리는 왕으로서 이 땅과 모든 사탄의 대항을 다스릴 권세를 가지고 있으며, 제사장으로서 그리스도 안에 있는 하늘의 자리들에 접근할 수 있습니다. 그 둘이 합쳐진 왕과 제사장이라는 정체성은 은혜의 보좌 앞에 나아갈 수 있도록 해주며, 우리가 단지 능력을 받는 것뿐만 아니라 이 땅에서 집행할 하나님의 지시들과 청사진들도 받을 수 있도록 해 줍니다. 우리는 소금으로서 문화의 부패를 방지해 줍니다. 우리는 빛으로서 더 나은 미래를 향한 빛을 밝혀 줍니다.

이 영역의 꼭대기에 있는 자들은 단지 초대하는 것만으로도 누군가에게 그 영역의 권세를 부여할 힘이 있습니다. 집에 머무는 동안 집주인이 평화를 보장해 주는 힘을 가진 것과 같습니다.

이 땅에 하나님의 나라를 실현하는 거룩한 나라

교회는 국제 패권 전쟁 너머, 하나님의 계획을 봅니다. 교회는 마지막 시대에 하나님의 가치를 세상에 실현하는 역할을 맡고 있습니다. 교회는 마지막 때에 하나님 나라의 메시지를 통해 세상에 하늘의 권세와 능력을 보여주는 거룩한 나라로 세워지고 있습니다. 이 거룩한 나라는 모든 나라와 문화에 영향을 미치며, 하나님 나라의 메시지를 통해 세상을 변화시키는 사명이 있습니다. 개혁가들은 요셉이나 에스더와 같이 각자의 위치에서 하나님의 뜻을 실현하며, 공동체를 구하고 믿음의 유산을 지켜내는 역할을 수행할 수 있습니다.

그리스도인은 사회 각 영역에서 성경적 가치에 따라 사회를 개혁하고 변혁시킬 수 있습니다. 일곱 산 이론의 핵심은 교회가 세상의 다양한 영역에 진입하여 하나님의 영향력을 확장하는 데 있습니다. 종교, 가정, 교육, 정부, 미디어, 예술과 엔터테인먼트, 그리고 비즈니스라는 일곱 개의 주요 고지(산)에 하나님의 제자들을 배치할 수 있습니다. 적재적소에 제자들을 배치하면, 교회 내외의 연합을 통해 소수의 사람들으로도 큰 변혁을 이루어낼 수 있습니다.

2) 조니 엔로우의 일곱산 예언

조니 엔로우는 독자적으로 2008년 『일곱 산에 관한 예언』을 출판했습니다.[33] 그는 말세에 이런 질문을 했습니다. "예수 그리스도의 재림 전, 마지막 때 교회는 무엇을 준비해야 하는가?" "하나님은 마지막 때 교회에 무엇을 기대하시는가?" 오랜 연구 끝에 엔로우는 하나님이 세상 문화를 형성하는 일곱 산을 정복하기를 원하신다고 보았습니다. 그가 정리한 일곱 영역은 미디어, 정부, 교육, 경제, 종교, 예술과 오락, 가정입니다. 그는 이 일곱 영역에서 하나님 나라를 실현하는 비전을 제시했습니다. 하나님은 이 일곱산에서 하나님의 가치가 실현되기를 원하신다는 것입니다.

엔로우는 이렇게 설명합니다. 인류가 타락한 후 일곱산의 권세는 마귀에게 넘어갔습니다. 예수 그리스도는 십자가에서 이 권세를 다시 취하셨습니다. 예수 그리스도는 일곱산의 권세를 회복하신 후 교회에게 이 산들을 정복하라는 사명을 주셨습니다. "가서 모든 민족을 제자로 삼으라"(마 28:19) 일곱산은 한 나라의 사고방식을 형성하고 그 나라를 운영하는 신념 체계라고 봅니다. 일곱

---

[33] 조니 엔로우/ 김동현 옮김, 『일곱 산에 관한 예언』(서울: 순전한 나드, 2009).

산을 정복하는 사역은 열방을 제자 삼는 사역이라는 것입니다. 대적 마귀는 산마다 속임수라는 견고한 진을 건설해 놓았습니다. 교회는 이 진을 깨뜨릴 사명이 있습니다. 사단의 거짓 신념 체계를 하나님의 지혜와 계시로 드러내고 하나님의 영광이 가득한 세상을 만드는 일입니다. "말일에 여호와의 전의 산이 모든 산 꼭대기에 굳게 설 것이요 모든 작은 산 위에 뛰어나리니 만방이 그리로 모여들 것이라"(사 2:2)

물론 일곱 산 영역만이 우리 사회의 전부는 아닙니다. 그러나 그것은 하나님이 다시 빼앗아 예수 그리스도의 영향력 아래로 가져오기를 원하시는 특정한 영역들입니다. 그 동안 교회는 개인에게 복음을 전하고 가난한 이들에게 복음을 전하는 일에 애썼습니다. 이제 교회는 사회에서 영향력 있는 영역에 복음을 전하고, 그 영역의 지도층에게 복음을 전해야 할 때가 되었다는 것입니다. 그리스도인들이 세상에서 '머리'가 되어 주요 핵심 영역으로 침투하여 고지의 자리를 차지하고 하나님 나라의 가치를 드러내야 한다는 것입니다.

조니 엔로우는 일곱산의 영역을 이렇게 분석했습니다. 첫째, 미디어의 산은 뉴스를 만들어내는 출구를 말합니다. 미디어의 산은 나쁜 뉴스에 의해 오염되어 있습니다. 아볼루온(파괴자), 두려움의 영이 미디어의 산을 지배하고 있습니다. 미디어의 산에서는 복음 전도자가 예수 그리스도의 축복이라는 기쁜 뉴스를 전해야 합니다. 그러면 계시자 하나님이 드러나십니다.

둘째, 정부의 산은 땅을 다스리는 정치적 기관입니다. 정부의 산은 부패로 오염되어 있습니다. 루시퍼, 교만의 영이 정부의 산을 지배하고 있습니다. 정부의 산에서는 사도들이 예수의 능력을 드러내야 합니다. 그러면 왕이신 하나님, 어깨에 정사를 메신 예수님이 드러나십니다.

셋째, 교육의 산은 지식 또는 기술이 배움의 과정을 통해 습득되고 발전되는 곳입니다. 교육의 산은 인본주의, 이성주의, 자유주의(진보주의)의 속임수에 의해 오염되어 있습니다. 바알세불, 거짓의 영이 교육의 산을 지배하고 있습니다. 교육의 산에서는 교사들이 성령의 권능으로 예수 그리스도의 지혜를 드러내야 합니다. 그러면 가르치시는 분(입법자) 하나님이 드러나십니다.

넷째, 경제의 산은 생산체계와 분배와 소비의 영역, 생산과 자원이 흐르는 영역입니다. 경제의 산은 탐욕으로 오염되어 있습니다. 맘몬, 탐욕의 영이 경제의 산을 지배하고 있습니다. 경제의 산에서는 선지자가 예수 그리스도의 부요함을 드러내야 합니다. 그러면 공급자 하나님이 드러나십니다.

다섯째, 종교의 산은 하나님 또는 초자연적인 것을 섬기고 예배하는 곳입니다. 종교의 산은 우상숭배로 오염되어 있습니다. 들릴라, 종교의 영이 종교의 산을 지배합니다. 종교의 산에서는 성령이 예수의 존귀하심을 드러내십니다. 그러면 구속자, 예배받으시는 하나님이 드러나십니다.

여섯째, 축제의 산은 예술, 음악, 스포츠, 패션, 오락 등 우리가 인생을 즐기며 기념하는 모든 것을 포함합니다. 축제의 산은 유혹으로 오염되어 있습니다. 이세벨, 왜곡의 영이 축제의 산을 다스립니다. 축제의 산에서는 선지자가 예수의 영광을 드러내야 합니다. 그러면 창조자 하나님이 드러나십니다.

일곱째, 가정의 산은 부모와 자녀의 영역입니다. 가정의 산은 거절로 오염되어 있습니다. 거절은 받아들이거나 고려하거나 복종하거나 듣거나 받거나 인정하는 것을 거부하는 것을 말합니다. 바알, 거절의 영이 가정의 산을 다스립니다. 가정의 산에서는 목자(목회자)가 예수의 관대하심을 드러내야 합니다. 그러면 아버지 되시는 하나님이 드러나십니다.

조니 엔로우는 말세에 일곱 족속을 정복해야 하나님의 축복과 영광이 임한다고 보았습니다. 이스라엘이 가나안 땅의 축복을 누리기 위해 "가나안 족속, 헷 족속, 아모리 족속, 브리스 족속, 히위 족속, 여부스 족속"을 정복해야 했던 것처럼 말입니다. 그는 하나님의 백성이 일곱 산을 정복하고 축복이 가득한 산 정상에 있어야 한다고 말합니다. "여호와께서 너를 머리가 되고 꼬리가 되지 않게 하시며 위에만 있고 아래에 있지 않게 하시리니"(신 28:13)

그 동안 교회는 일곱 족속을 몰아내라는 명령에 순종하지 못하고 '꼬리'의 삶을 살았습니다. 역사상 문화에서 세상이 선두를 달렸습니다. 기독교는 세속적 음악, 미술, 정부, 사업 등을 기독교화하려 하며 따라가려 한 적이 많았습니다. 말일에는 하나님이 순서를 바꾸실 것입니다. 하나님이 일곱 산 영역에서 그 산을 오르는 그리스도인들에게 임하실 것입니다. 하나님의 임재로부터 특출한 방식의 창조적인 예술, 사업 경영, 나라 통치, 믿음과 예배의 행위들이 흘러나올 것입니다. 세상은 하나님의 백성이 받은 축복을 보고, 교회가 풍기는 하나님 나라의 향기를 맡고 예수께 나올 것입니다. 종말의 때, 교회가 성령의 능력으로 일곱 산을 정복하고, 그 영역에 하나님 나라의 원리를 드러낼 때, 하나님은 그 영역에서 영광을 받으시고 하나님의 영광을 드러낼 것입니다. 모든 곳은 아니더라도 교회가 순종한 곳에서는 영광을 받으시고 드러내실 것입니다. 그때 눈을 들어 하늘을 보면 예수 그리스도가 재림하고 계실 것입니다. "하나님은 마지막 시대에 교회가 성령의 능력으로 세상의 일곱 산을 정복하기를 원하신다." 이것이 엔로우의 메시지입니다.

3) 선데이 아델라자의 일곱산 사역

우리 시대에 일곱산 선교 사역에 성공한 한 인물을 소개하고 싶습니다. 선데이 아델라자(Sunday Adelaja)입니다. 그는 하나님 나라의 원리를 우크라이나 사회 전반에 적용하여 큰 변혁을 이끌어낸 사역자로 주목받고 있습니다.[34]

초기 생애와 유학 시절

선데이 아델라자는 1967년 나이지리아의 가난한 환경에서 태

---

34) 선데이 아델라자/ 김수진 옮김, 『하나님 나라가 이끄는 삶』 (수원: 세영, 2020). 2015년 The Kingdom Driven Life라는 제목으로 출판되었다.

어났습니다. 할머니의 보살핌 아래 성장하던 그는 15세 때 할머니를 잃고, 18세에 고향을 떠나 소련으로 유학을 떠났습니다. 유학을 떠나기 직전 1986년, 우연히 텔레비전에서 복음 전도자의 설교를 듣고 예수를 영접하였습니다. 그는 소련 민스크에 있는 벨라루스 대학에서 언론학을 공부했습니다. 유학 중 신앙의 박해에도 불구하고 기도하며 지하 교회를 다녔습니다. 민스크에서 언론학 석사 학위를 취득한 후, 그곳에서 교회를 세우고 전도 활동을 하다가 추방당했습니다.

하나님의 대사 교회 개척

1993년 말 그는 우크라이나 키예프(키이우) 민영 TV 방송국에서 일하며 7명의 신앙인과 함께 가정 성경 모임을 시작했습니다. 이 모임은 1994년 2월, '하나님의 대사 교회'로 이름을 붙이고 성장하여 20년 만에 25,000명의 교인을 가진 유럽 최대의 개신교회가 되었습니다. 우크라이나 정부가 무신론 정부이고 우크라이나 정교회가 개신교회를 이단시하는 상황에서 어떻게 이런 일이 일어났을까요? 하나님의 대사 교회는 말로 복음을 전도하는 방식을 사용하지 않았습니다. 하나님 나라의 원리로 사람들의 필요를 섬기는 사역 방식을 선택했습니다. 무료 급식소를 운영하고, 노숙자 사역을 하고, 자살 방지 상담 전화 사역을 하고, 중독자 회복 사역을 하고, 교육 기관을 세웠습니다. 결과는 놀라웠습니다. 자발적으로 사람들이 복음을 영접했습니다.

사회 변혁과 오렌지 혁명

아델라자는 50여 개국에 1,000여 개의 교회를 개척하였습니다. 그러나 그는 교회만 세우지 않았습니다. 광범위한 사회적 활동을 통해 나라에 큰 변화를 이끌어냈습니다. 3,000개의 비영리 시민단체를 설립하여 사회의 다양한 문제를 풀어갔습니다. 심지어 의도하지 않았지만 2004년 겨울 우크라이나 '오렌지 혁명'의 기폭제가 되었고, 오렌지 혁명을 일으킨 시민들을 섬겼습니다. 그는 하나님 나라의 원리를 사회 각 분야에 적용하여 사회 변혁까지 일으키는 성과를 거두었습니다.

아델라자는 그의 사역을 교육 훈련을 통해 일반 사회 조직으로 발전시켰습니다. 그는 작은 영감을 조직화하여 크게 성장시키는 데 성공했습니다. 체계적 관리와 구조를 통해 일시적 성공을 지속 가능한 운동으로 발전시켰습니다. 또한, 그의 사역은 7개 주요 영역—영적 영역, 사회적 영역, 정부(정치), 비즈니스(경제), 교육, 미디어, 문화(연예), 스포츠—에서 하나님 나라의 원리가 스며들도록 성도를 훈련하고 교육했습니다. 교회가 직접 나서지는 않았습니다. 성도들을 하나님 나라의 원리로 양육하고, 각자 부르심 받은 영역에서 하나님 나라의 원리를 실천할 수 있는 조직을 만들도록 훈련하게 시켰습니다.

2022년 2월 러시아-우크라이나 전쟁이 일어났습니다. 우크라이나에서 난민 사역을 하시는 한국 선교사에게서 폴란드로 이주했다는 소식을 들었습니다. 우크라이나에서 그의 사명이 끝났다고 본 듯합니다. 그가 다른 동유럽 국가에서 다시 하나님 나라의 사역을 이어가는 이야기를 기다립니다.

이제 일곱 산 선교 이론에 기반하여 영역별 선교에 대해 다룰 차례입니다. 정치, 경제, 교육, 미디어, 예술과 엔터테인먼트, 가정, 교회 등 각 영역에서 하나님 나라의 가치와 원리가 실현된다면 어떤 일이 일어날까요? 성경은 각 영역에 실현되어야 할 하나님 나라의 가치와 원리를 무엇이라고 말하고 있을까요? 하나님은 각 영역에 어떤 일반 은총을 베풀어 놓으셨을까요? 시대별로 특별 은총과 일반 은총을 결합하여 어떤 하나님 나라 문명이 건설되었을까요? 지금 우리는 또 다른 문명의 변화를 겪고 있습니다. 포스트모던 문명 속에서 하나님의 특별 은총과 일반 은총이 결합하면 어떤 모습일까요? 3부에서는 이러한 문제들을 논의해 보겠습니다.

3부

세속 시대 어떻게 세상을 선교할 것인가

7장

†

일곱산 선교

1. 정치

성경의 관점에서 본 정치

    아리스토텔레스는 『정치학』에서 정치를 시민들이 좋은 삶을 살 수 있는 환경을 조성하는 활동이라고 말했습니다. 공동체가 정의와 덕을 바탕으로 번영하며, 시민들이 최상의 삶을 누릴 수 있도록 하는 활동이 정치라는 것입니다. 함재봉은 『정치란 무엇인가』에서 정치는 공동체 구성원이 자신들의 공동체를 운영해 나가는 방법을 모색하는 행위라고 말합니다.[35] 성경은 정치에 대해 뭐라고 말씀하고 있을까요?

    성경은 하나님의 나라 즉 하나님의 통치 관점에서 정치를 말합니다. 정치는 인간이 하나님의 주권을 위임받아 인간 사회의 문제와 갈등을 해결하며 목적을 성취해 가는 과정입니다. 창조의 관점에서 인간은 하나님의 형상대로 지음받은 후 땅을 다스리라는 명령을 받았습니다. 타락으로 인해 인간이 다스리는 정치 역량은 왜곡되고 부패했습니다. 그러나 하나님은 인류의 타락에도 불구하고 일반 은총을 베푸시어 인간 사회가 부분적으로라도 하나님의 정의와 공의를 세우고 생존할 수 있게 해 주셨습니다. 이에 더하여 특별 은총을 베푸시어 하나님의 뜻이 이 땅에 부분적으로나마 실현될 수 있는 하나님의 나라 정치의 길을 열어주셨습니다.

구약 성경의 정치 원리

구약 성경에서 이스라엘의 정치는 하나님이 직접 다스리는 신정 체제였습니다. 하나님은 이스라엘과 언약을 맺고 가나안 땅에 하나님의 통치가 실현되는 왕국을 만들려고 하셨습니다. 이스라엘을 제사장 나라로 만들어 열방에게 하나님 나라의 실제 모습을 보여주려고 하셨습니다. 고대 근동의 왕정 체제와는 근본적으로 다른 신정 체제였습니다. 고대 세계는 왕을 신의 현현으로 보고 동일시하였으나, 이스라엘은 하나님으로부터 기름 부음을 받은 직분 중의 하나로 보았습니다.

---

35) 함재봉, 『정치란 무엇인가』 (경기 광주: 프레스, 2021), 14.

구약의 정치 신학

크리스토퍼 라이트는 『현대를 위한 구약윤리』(2004)에서 구약의 정치 신학을 다음과 같이 정리합니다.[36] 첫째, 모든 권세는 여호와께 속해 있습니다. 인간의 권세는 여호와로부터 받은 것으로, 이차적이며 파생적입니다. 따라서 모든 인간 권세는 하나님께 책임을 져야 합니다. 둘째, 하나님은 왕과 백성 모두에게 정치적 권세를 부여하십니다. 하나님께서 백성에게 왕을 주시지만, 백성은 그 왕을 받아들이거나 거부할 권리가 있습니다. 왕에게 신적 권한이 없는 것처럼, 백성 역시 신적 권한을 지니지 않습니다. 하나님의 권세를 독점할 수 있는 개인이나 집단은 존재하지 않습니다. 셋째, 정치적 권세는 섬김을 위해 존재합니다. 왕의 직무는 상호 섬김을 위한 것이며, 왕과 백성은 서로를 섬기는 관계에 있어야 합니다.

언약과 율법과 정치

이스라엘의 정치는 하나님의 언약과 율법을 기초로 이루어졌습니다. 하나님과 이스라엘 간의 언약은 이스라엘의 정치적 삶의 출발점이며, 율법은 그 언약을 구체적으로 표현한 것입니다. 특히 모세 율법은 이스라엘 사회에서 정의와 공의를 실현하기 위한 법적 사회적 지침을 제공했습니다.

초기 이스라엘은 중앙집권적 체제가 아니라 지파 동맹 체제였습니다. 하나님은 각 지파에 자치권을 허락하셨고, 전쟁과 같은 위기 상황에서는 사사(판관)를 세우셨습니다. 이는 고대 근동의 정치 체제와는 근본적으로 다른 분권적 구조로, 하나님의 주권과 인간의 자율성이 함께 작용하는 독특한 정치 형태였습니다.

사사 시대 이후, 왕정 체제가 도입되었습니다. 하나님은 왕을 요구하는 이스라엘 백성의 요청을 받아들이셨지만, 사무엘의 경고대로 왕정 체제는 여러 폐해를 초래했습니다. 그럼에도 불구하고 하나님은 다윗 왕정을 통해 이스라엘을 제사장 나라로 세우는 일을 계속하셨으며, 다윗 언약을 통해 메시아적 왕국의 도래를 약속하셨습니다.

그러나 왕정 체제가 타락하면서 이스라엘은 하나님의 심판을 받아 바벨론 제국에 포로로 끌려갔습니다. 포로 생활 이후 이스라엘 백성은 귀환했지만, 총독의 통치 아래 살아가야 했습니다.

역사 속 정치의 발전: 민주주의

이스라엘 밖에서 열방의 정치는 어떻게 발전했을까요? 아리스토텔레스는 그의 저서 『정치학』에서 당시 그리스 정치 체제를 분석하며, 왕정, 귀족정, 민주정의 세 가지 형태를 발견했습니다. 그는 이 세 가지 정치 형태를 조화롭게 결합하여 시민의 공동 이익을 추구하는 정치 체제를 만들어야 한다고 제안했습니다. 한편, 함재봉은 『정치란 무엇인가에서』 정치는 민주정에서만 가능하다고 주장합니다. 그의 관점에 따르면, 왕정에서는 복종과 반역이라는 문제만 존재할 뿐, 정치적 상호작용의 여지가 없다는 것입니다.[37]

---

36)　크리스토퍼 라이트, 『현대를 위한 구약윤리』 (서울: IVP, 2006), 343-345.
37)　함재봉, 『정치란 무엇인가』, 14.

나는 하나님께서 일반 은총의 방식으로 공화주의적 민주주의를 발전시키셨다고 믿습니다. 하나님은 귀족정과 왕정을 포함한 다양한 정치 체제를 허락하셨지만, 궁극적으로 공화주의적 민주정의 길을 열어주셨다고 생각합니다. 민주주의를 논할 때 우리는 흔히 고대 그리스와 로마, 르네상스 시대의 이탈리아 도시 국가들, 그리고 근대 미국의 민주주의를 떠올립니다. 이러한 민주주의의 발전은 하나님께서 인간 사회에 베푸신 일반 은총의 한 표현으로 이해될 수 있습니다.

고대 그리스의 민주주의와 로마의 공화정

고대 그리스 아테네에서는 시민들이 자신을 다스리는 직접 민주주의를 실행했습니다. 시민들은 자발적으로 정치에 참여하며 공동체의 공익을 추구했습니다. 이 체제의 핵심은 '이소노미아'로, 이는 시민들이 법 앞에서 평등하며 자신들이 따를 법을 직접 제정하는 제도를 의미합니다. 아테네의 민주정은 인간의 존엄성과 자율성, 그리고 자유와 평등을 중시하며, 공적 영역에서 정의를 실현하려는 놀라운 시도를 시작했습니다.

특히 귀족들이 왕정과 귀족정을 포기하고 시민들의 자치를 받아들인 결정은 놀라운 일로 평가됩니다. 어떻게 이런 전환이 가능했는지는 여전히 경이롭게 느껴지며, 그 배경에는 정치적·사회적 변화의 복합적인 요인이 있었을 것입니다.

로마 역시 공화정을 발전시켰습니다. 그리스 같은 민주정은 아니었으나, 귀족적 과두정에 공화정의 요소가 포함되어 있었습니다. 로마 공화정은 원로원, 집정관, 평민회(호민관) 간의 권력 분립과 균형을 통해 운영되었습니다. 원로원은 로마 공화정의 실질적인 권력 중심으로, 외교, 재정, 군사 정책을 주도했습니다. 집정관은 최고 행정 관직으로서 원로원의 조언을 받으며 행정과 군사 활동을 수행하고 법안 제안 및 집행을 담당했습니다. 호민관은 평민을 대표하여 그들의 권익을 보호했으며, 원로원과 집정관의 결정에 대해 거부권을 행사함으로써 귀족의 권력 남용을 견제했습니다.

제정 이전의 로마는 이러한 공화정을 통해 귀족과 평민 간의 갈등을 어느 정도 조정하며 정치적 안정을 유지할 수 있었습니다. 로마의 공화정은 권력의 균형과 조화라는 정치적 이상을 실현하려는 중요한 시도로 평가받습니다.

르네상스와 근대 공화주의의 부활

공화주의적 민주주의는 1,800여 년이 지나, 르네상스 시대 15-16세기 이탈리아의 도시 국가들에서 다시 부활했습니다. 피렌체와 베네치아 공화국은 고대 그리스와 로마의 공화정 전통을 재도입하며, 귀족과 상인 계층이 공직자를 선출하고 시민들의 정치적 참여를 허용하는 공화정 체제를 운영했습니다. 이들 공화국은 권력의 집중을 방지하기 위해 다양한 견제와 균형 장치를 마련했습니다.

니콜로 마키아벨리(1469-1527)는 『군주론』로 잘 알려져 있지만, 『리비우스의 로마사 논고에서 로마 공화정의 정치적 미덕을 찬양했습니다. 그는 시민들의 정치적 참여와 권력의 견제가 공화국이 자유와 안정을 유지하는 핵심 요소라고 주장했습니다.[38]

17세기 영국에서는 청교도 혁명과 명예혁명을 통해 왕정 체제 안에 일부 공화주의 전통이 도입되었습니다. 의회가 법으로 왕권을 제한하여 자유를 확보하는 데 성공했습니다. 이러한 전통은 18세기 미국 독립 과정에서 더욱 발전하여, 왕이 없는 민주주의 공화정으로 구현되었습니다. 미국 공화정은 고대와 르네상스 공화주의 전통을 현대적으로 계승하며, 민주주의와 공화주의를 통합한 새로운 정치 체제의 모델을 제시했습니다.

하나님 나라의 정치

하나님 나라의 정치란 무엇일까요? 그것은 정치 지도자와 시민들이 하나님의 정의와 공의를 세우는 질서를 이루기 위해 서로 협력하고 견제하는 상호 섬김의 정치라고 생각해 볼 수 있습니다. 시민들은 스스로 문제를 해결하기 위해 시민 단체를 조직하고, 선거를 통해 선출된 정당과 정치 지도자들과 비판적 협력의 관계를 맺으며 자발적으로 정치에 참여합니다. 이를 통해 정치는 정의롭고 공정하게 이루어지며, 하나님의 뜻에 부합하는 방식으로 사회가 운영됩니다.

정치 영역에서 하나님의 특별 은총과 일반 은총이 결합한 형태를 상상해 보았습니다. 성경에 나타난 정치 원리가 현대 국가의 정치 구조 속에서 실현된다면 어떤 모습일까요? 섬김의 리더십이 정치 지도자들의 중심 가치가 되고, 자치와 책임이 시민들의 삶에 뿌리를 내리며, 법과 정의가 사회의 모든 영역에서 공정하게 실현되며, 정치와 시민 사회가 상호 섬김과 협력을 통해 조화를 이룬다면, 그 결과는 우리가 꿈꾸는 하나님 나라 정치의 모습과 닮아 있지 않을까요?

현대에도 하나님 나라의 정치 원리가 구현된 사례가 있을까요? 완벽한 예를 찾기는 어렵겠지만, 역사 속에서 정의와 공의를 이루기 위해 노력했던 여러 시도는 하나님 나라 정치의 이상을 보여줍니다. 우리가 그러한 사례들을 통해 배울 수 있다면, 하나님 나라의 정치가 이 땅에서도 조금 더 구체화되지 않을까 기대해 봅니다.

미국 헌법의 사례

이정훈은 『성경적 세계관』(2022)에서 미국 헌법이 성경의 정치 원리와 유럽의 민주주의 정치사상을 결합하여 왕 없는 정치 체제를 만들어냈다고 설명합니다.[39] 그는 위클리프 영어 성경의 서문에 적힌 "This Bible is for the Government of the people, by the people, for the people."라는 문구가 링컨 대통령의 게티스버그 연설에 인용된 사례를 들며, 성경적 사상이 미국 정치 체제에 미친 영향을 강조합니다.

그는 미국 건국의 아버지들이 마키아벨리의 혼합정체 이론(왕

---

[38] 『군주론』은 1513년에 작성되어 사후 1532년에 출판되었고, 『리비우스의 로마사 논고』는 1513-1519년 사이에 작성되어 사후 1531년에 출판되었다.
[39] 이정훈, 『성경적 세계관』 (서울: PLI, 2022), 385.

정, 귀족정, 민주정의 결합)을 수용했다고 봅니다. 그는 제임스 매디슨이 왕정에서 대통령제를, 귀족정에서 상원을, 민주정에서 하원을 도입하고, 독립적인 사법부를 구성하여 삼권이 상호 견제와 균형을 이루는 공화국 체제를 설계했다고 설명합니다.

그는 미국 헌법을 자유주의, 공화주의, 입헌주의라는 세 가지 요소로 분석합니다. 자유주의는 가톨릭교회의 권력과 왕의 간섭으로부터 종교의 자유를 확보하려는 노력에서 출발했습니다. 전제정치와 종교적 불관용에 맞서 개인의 선택, 이성, 관용을 지지합니다. 입헌주의는 자유를 지키기 위해 모든 권력이 법의 지배를 받는 체제를 의미합니다. 공화주의는 권력을 분립하고 상호 견제를 통해 자유를 보호하는 체제를 말합니다.[40] 함재봉도 법치주의와 민주주의와 공화주의를 강조합니다. 그에 의하면, 민주주의는 '누가' 정치에 참여하는 것의 문제이고, 공화주의는 어떻게 정치를 하는가의 방식의 문제입니다.[41]

이정훈은 자유민주주의가 유지하기 어려운 정치 체제라고 말합니다. 이를 위해서는 법의 지배와 제도를 중시해야 하고, 공동체를 위해 개인의 희생을 감수할 수 있는 도덕성이 필요합니다. 또한, 시민들이 적극적으로 정치에 참여하며, 개인의 자유를 보호하면서도 공동체의 공동선을 지키는 공화적 시민이 존재해야 자유민주주의가 제대로 작동한다고 강조합니다.[42]

기독교 민주주의의 가능성

성경의 정치 원리와 역사 속 정치의 발전을 검토한 결과, 하나님 나라의 정치는 정치 지도자와 백성이 하나님의 정의와 공의를 세우기 위해 서로 협력하고 견제하는 상호 섬김의 정치라는 결론에 이르게 되었습니다. 민주 공화정은 하나님 나라를 직접적으로 구현한 체제는 아니지만, 오늘날 하나님 나라의 정치를 실현하는 데 있어 가장 적은 장애를 제공하는 구조라고 생각합니다.

그러나 공화주의적 민주주의를 실행하는 일은 매우 어려운 과제입니다. "민주주의의 적은 민주주의"라는 말처럼, 다수결의 원칙이 소수의 의견을 무시하거나 억압하는 결과를 초래하기 쉽습니다. 더 나아가 다수결을 통해 하나님의 통치를 거부하는 상황도 현실적으로 발생할 수 있습니다. 일부 소수 지배 세력이 자신들의 판단이 절대적으로 옳다고 보고 시민들의 표현의 자유를 억압하려는 흐름도 나타나고 있습니다. 이러한 현실 속에서 우리는 어떻게 기독교적 민주주의를 실현할 수 있을까요?

---

40) 앞의 책, 366, 379. 이정훈 교수는 유대-기독교의 율법 전통이 근대 법치주의의 근간이 되었다고 보고, 사무엘 러더포드(1600-1661), 존 위더스푼(1723-1794), 제임스 매디슨(1751-1836)이 법치주의 발전에 중추적 역할을 했다고 강조한다.
41) 함재봉, 『정치란 무엇인가』, 14.
42) 이정훈, 『성경적 세계관』, 379-393.

2. 경제

성경의 관점에서 본 경제

아리스토텔레스는 『정치학』에서 경제를 '오이코노미아'로 정의하며, 이를 '가정 살림'으로 이해했습니다. 경제란 가족 구성원의 필요를 충족시키고 생계를 유지하는 활동이라는 것입니다. 홍기빈 역시 경제를 "필요한 물자의 조달과 분배 활동"이라고 설명합니다.[43] 결국, 경제란 사람들의 필요를 충족시키고 공동체를 유지하며 관리하는 활동이라는 것입니다. 그렇다면 성경은 경제를 어떻게 말할까요?

성경은 경제를 하나님의 나라, 곧 하나님의 통치의 관점에서 설명합니다. 창조의 관점에서 볼 때, 인간은 하나님의 형상대로 지음받아 땅을 개발하고 다스리라는 사명을 받았습니다. 이는 하나님의 뜻에 따라 자원을 관리하고 보존하며 번영시키라는 명령입니다. 그러나 인간의 타락으로 죄가 들어오면서 경제적 궁핍과 고통이 시작되었습니다. 그럼에도 하나님은 일반 은총을 통해 인류의 생존과 번영을 보장하셨습니다. 또한, 하나님의 백성에게는 특별 은총을 베푸셔서 구속받은 이들이 정의롭고 자비로운 하나님 나라의 경제 체제를 발전시킬 수 있는 길을 열어 주셨습니다.

구약 성경의 경제 원리

구약 성경에서 이스라엘의 경제는 집단적 '자영농' 체제였습니다. 하나님은 이스라엘을 가나안 땅에 정착시키신 후, 친족별로 토지를 분배하여 스스로 경제 활동을 할 수 있게 하셨습니다. 각 지파와 가문은 자기 토지를 분배받아 자유롭게 경작할 수 있었습니다. 크리스토퍼 라이트는 구약의 경제 체제에서 세 가지 주요 특징을 발견했습니다.[44]

첫째는 하나님의 토지권과 청지기 사상입니다. 구약 성경은 모든 토지가 하나님의 것이라고 선언합니다. 하나님은 "토지는 다 내 것임이니라"(레 25:23)라고 말씀하시며, 이스라엘 백성은 하나님의 땅을 잠시 맡아 관리하는 청지기로서, 하나님의 뜻에 맞게 그 땅을 돌봐야 한다는 사명이 주어졌습니다.

둘째는 확대 가족의 다중 소유권과 재산권입니다. 이스라엘 사회에서 토지는 개인의 소유가 아니라, 확대 가족 단위의 소유였습니다. 이는 경제적 불평등을 최소화하고, 모든 구성원이 공평하게 자급자족할 수 있도록 하기 위한 조치였습니다. 각 지파와 친족, 가문('아비의 집')별로 토지가 분배되었습니다.

셋째는 가난과 빚, 노예 제도에 대한 구제 메커니즘입니다. 구약은 가난한 사람들을 보호하고, 빚과 노예 제도를 방지하기 위한

---

43) 홍기빈, 『어나더 경제사 1』 (서울: 시월, 2023), 72. 홍기빈은 자본주의가 이윤 극대화와 자본 축적을 목표로 하며, 경제의 본질과는 거리가 멀다고 지적한다. 경제는 본래 필수적인 자원을 확보하고 이를 구성원의 필요에 맞게 분배하는 것이어야 하지만, 자본주의는 이를 사적 이익 추구로 왜곡한다는 것이다. 홍기빈은 경제란 단순히 시장 활동이 아니라 가정의 살림살이처럼 필요한 자원을 조달하고 관리하여 생계를 유지하는 활동이라고 본다. 그는 공동체의 생존과 번영을 중심으로 필요한 물자를 조달하고 분배하는 대안적 경제 체제를 만들어야 한다고 주장한다.
44) 크리스토퍼 라이트, 『현대를 위한 구약윤리』, 104-135, 232-248.

제도를 마련했습니다. 안식년과 희년 제도는 이러한 구제 메커니즘의 일환으로, 빚을 탕감하고 노예를 해방시키며, 주기적으로 상실한 토지를 회복시켜 주었습니다.

크리스토퍼 라이트는 또한 구약 성경에서 네 가지 경제 원리를 발견했습니다. 첫째, 천연자원에 대한 공동 접근권. 둘째, 노동의 권리와 책임. 셋째, 경제 성장과 시장 거래에 대한 예측. 넷째, 경제 활동에 대한 공정한 참여입니다.[45]

그는 구약 성경이 경제 성장과 시장 거래에 대해 섬세한 균형을 보인다고 말합니다. 첫째, "탐내지 말라"는 계명은 부를 긍정하면서도 부에 한계를 두고 있습니다. 둘째, 시장에 토지를 내놓지 못하게 함으로써 시장을 긍정하면서도 그 한계를 인정합니다. 셋째, 부채에 한계를 설정해 둠으로써 금융을 인정하면서도 일정 수준의 제한을 둡니다. 넷째, 지계석 이동 금지, 대부금 이자 금지, 담보물 규제 등을 통해 자본의 성장을 인정하면서도 자본의 무한 팽창을 막습니다. 구약 성경은 자본주의적 요소를 포함하면서도 자본의 무한 성장에 제한을 두는 복합적인 경제 체제를 제시하고 있다고 볼 수 있습니다.

역사 속 경제의 발전: 자본주의

인류는 역사적으로 다양한 경제 체제를 발전시켜 왔습니다. 일반적으로 원시 공산주의, 고대 노예제, 중세 봉건제, 근대 자본주의, 현대 혼합 경제 체제, 디지털 글로벌 경제 체제로 발전해 왔다고 평가됩니다. 사회주의는 자본주의의 한계를 반영한 반응이었고, 디지털 글로벌 경제 체제는 최근 자본주의가 나타내는 새로운 형태라고 할 수 있습니다.

자본주의의 정의와 본질

자본주의란 보통 생산수단의 사유를 허용하고 개인이 자유롭게 이익을 추구하는 시장 중심의 경제 체제로 정의됩니다. 이는 생산물과 서비스를 통해 부를 창출하고, 이를 통해 경제 성장을 이끄는 체제입니다. 자본주의를 통해 인류는 절대 빈곤에서 벗어날 수 있었습니다. 생산수단을 소유한 자본가들은 다른 사람의 노동력을 고용하여 부를 축적하고, 노동자들 역시 일정 부분 부를 축적할 수 있었습니다. 자본주의 체제는 개인의 창의성과 경쟁을 촉진하여 경제적 번영을 가져왔지만, 동시에 자본의 무한 팽창을 추구하며 끝없는 양극화와 불평등을 초래한 측면도 있습니다.

자본주의의 역사적 발전

자본주의의 역사는 중세 유럽의 상업 자본주의에서 시작되어, 근대 산업 자본주의를 거쳐 현대 금융 자본주의로 발전해 왔습니다. 초기 상업 자본주의는 13세기 이탈리아 도시 국가의 무역에서 출발하여, 15세기 대항해 시대에 세계적 무역 네트워크를 형성했습니다. 17세기에는 민족 국가의 왕과 부르주아들이 화폐를 기반으로 자본의 무한 팽창을 추구하기 시작했습니다.

---

45)   앞의 책, 202-206, 223-228.

자본주의는 18세기 영국의 산업 혁명으로 촉발되었습니다. 부르주아들이 기계와 공장 제도를 도입하여 생산성을 급격히 향상하고, 거대 자본을 축적하기 시작했습니다. 이 시기에 자본주의는 공장에 고용된 노동자들의 생존 문제를 해결하면서 새로운 경제 체제로 자리 잡아 갔습니다.

20세기 초 경제 공황으로 위기가 발생하면서 자본주의는 수정되었습니다. 정부는 경제 불황을 막기 위해 재정 정책을 펼치면서, 후기 자본주의와 복지 국가 체제가 형성되었습니다. 복지 국가는 경제적 불평등을 완화하고 사회적 안전망을 강화했지만, 국가가 비효율적으로 비대해지는 문제를 일으켰습니다.

1990년대에는 복지 국가의 어려움을 해결하기 위해 시장의 자유와 자율성이 다시 강조되는 신자유주의 경제 체제가 등장했습니다. 금융 시장의 자유화를 촉진하면서 금융 자본주의 체제가 확립되었고, 디지털 경제 혁신이 동시에 이루어져 놀라운 경제 성장을 이룩했습니다. 그러나 금융 자본의 탐욕과 리스크 관리 실패로 금융 위기가 주기적으로 반복되었고, 경제적 불평등과 양극화 문제는 여전히 해결되지 않았습니다.

하나님 나라의 경제

하나님 나라의 경제는 하나님께서 창조하신 질서와 정의를 반영하는 경제 시스템입니다. 이는 개인의 소유권을 존중하면서도, 경제 활동을 통해 공정한 거래와 상호 존중이 이루어지도록 합니다. 하나님 나라의 경제는 생산된 상품과 서비스에 대해 공정한 보상이 이루어지고, 특히 경제적으로 어려운 이들에게는 회복과 기회의 기회를 제공하여 사회의 모든 구성원이 함께 번영할 수 있도록 합니다.

하나님의 특별 은총과 일반 은총이 결합하여, 성경의 경제 원리가 현대 경제 구조 속에서 실현되면 어떤 모습일까요? 성경의 청지기 경제 원리가 현대 자본주의 체제 안에서 실현된다면 어떤 모습일까요?

성경에서는 청지기 사상을 강조합니다. 자원과 재정은 하나님의 것임을 인식하고 이를 관리하는 책임이 인간에게 있다는 원리입니다. 이는 현대 자본주의 체제 속에서도 자원의 효율적 관리와 공정한 분배, 공동체의 이익을 위한 경제적 활동을 촉진하는 방향으로 실현될 수 있습니다. 예를 들어, 성경은 "탐내지 말라"는 계명을 통해 부의 추구에 경계를 두고, 자원을 남용하지 않도록 경고합니다. 또한 안식년과 희년을 통해 빚을 탕감하고, 노예를 해방하며, 소유권을 회복할 수 있도록 하여, 경제적 불평등을 해소하려는 구속적 원리를 제시합니다. 역사 속에서 이러한 원리들이 실현된 사례가 있을까요?

근대 개신교 자본주의

이정훈은 『성경적 세계관』에서 개신교 직업 윤리가 초기 자본주의를 낳았다고 설명합니다. 그는 막스 베버의 이론을 따르며, 근대 이전에는 부를 축적하기 위해 돈을 사용했으나, 근대 자본주의 시대에는 돈을 벌어도 그것을 잘 쓰지 않고 재투자하는 기이한 현상에 주목합니다. 왜 이런 일이 발생했을까요?

그는 칼빈주의 신자들이 직업을 소명으로 보고, 자신이 구원받은 자임을 확증하기 위해 노동에 헌신했다고 설명합니다. 선택받은 자라면 마땅히 이렇게 살아야 한다는 신념이 그들에게 자본주의 직업 윤리를 형성하게 했다는 것입니다. 그들은 강도 높은 노동과 금욕적인 생활을 통해 자본을 축적하고, 이를 재투자하여 자본주의 발전을 가능하게 했다고 합니다.[46]

아담 스미스의 자본주의 해설

이정훈은 18세기 후반 스코틀랜드의 도덕철학자 아담 스미스(1723-1790)가 초기 자본주의 경제 체제를 잘 설명했다고 말합니다.[47] 그는 스미스가 시장, 사회, 국가의 구조를 통합적으로 본 점을 높이 평가합니다.

스미스는 『국부론』(1776)에서 부의 원천을 인간의 노동으로 보고, 개인의 자유와 소유권을 강조하며, 공장 분업 체제와 시장 경제 체제가 국가의 부를 증대시킨다고 주장했습니다. 또한, 『도덕감정론』(1759)에서는 사회 공동체가 동감(sympathy)을 바탕으로 '자혜'(benevolence)와 '정의'(justice)의 원칙에 의해 질서를 유지한다고 설명했습니다. 동감은 타인의 고통을 느끼는 것으로, 자혜는 타인의 이익을 증진하고, 정의는 타인의 생명, 신체, 재산, 명예를 해치는 행위를 금지하는 것이라고 합니다.

『법학 강의』(1760년대 초)에서는 국가가 시장과 사회가 실패할 때 개입하여 정의를 회복해야 한다고 보았습니다. 시장은 이

기적 개인들이 자아실현을 위해 자유롭게 경쟁하는 곳이고, 사회 공동체는 동감을 바탕으로 자혜와 정의의 원리로 자생적으로 질서를 유지하는 곳입니다. 법과 국가는 시장이 교란되고 타인의 권리가 침해될 때 개입하여 교정적 정의를 실현하는 역할을 해야 한다고 강조했습니다.

하지만 자본주의는 아담 스미스의 기획대로 움직이지 않았습니다. 자본주의는 가속적 경제 성장을 일으켜 빈곤에서 벗어나게 하는 경제 혁명을 일으켰습니다. 그러나 그 대가는 컸습니다. 노동 착취에 대한 사회주의의 비판, 수정자본주의로의 전환, 신자유주의 금융 자본주의로 변화하는 과정에서 많은 문제를 일으켰습니다. 자본주의는 내부의 적을 극복하며 계속해서 전환을 거듭해왔습니다.

기독교 자본주의의 가능성

기독교 자본주의의 가능성에 대해 상상할 수 있을까요? 자본주의의 순기능을 활용하고, 그 역기능은 성경적 원리로 보완할 수 있을까요? 캐스틴 태너는 『기독교와 새로운 자본주의 정신』(2019)에서 현대 금융 자본주의의 문제를 다루었습니다.[48] 그녀는 금융 자본주의가 생산과 소비를 포함한 경제의 모든 관계를 지배

---

46) 이정훈, 『성경적 세계관』, 89-127. 막스 베버는 칼빈주의 신자들이 구원에 대한 확신을 얻기 위해 금욕적으로 살았다고 설명했다. 막스 베버/ 박성수 옮김, 『프로테스탄티즘의 윤리와 자본주의 정신』(서울: 문예출판사, 1988).
47) 이정훈, 『성경적 세계관』, 131-154.
48) 캐스린 태너/ 백지윤 옮김, 『기독교와 새로운 자본주의 정신』(서울: IVP, 2021), 15-48, 193-250.

하고, 일상적인 경제 활동조차 금융적 성격을 띠게 된다고 설명합니다.

태너는 금융 자본주의의 문제를 이렇게 지적합니다. 금융 자본주의는 노동과 생산의 가치를 넘어서, 금융 거래를 통한 이익을 먼저 추구하게 만듭니다. 이는 인간관계를 경쟁 구조로 몰아넣고 무한 경쟁을 유도합니다. 또한, 자본주의의 노동 윤리는 개인화되어 모든 책임을 개인에게 전가하게 되고, 대부분의 이익은 금융 자산을 가진 소수에게 집중됩니다. 이로 인해 경제적 불평등이 심화되고 사회적 불안정이 초래되며, 개인의 자아실현 가능성은 막히고 사회적 연대가 약화됩니다. 금융 자본주의는 개인을 현재에 몰두하게 하여 그 구조에 가두어 놓는 전체주의적 특성을 지니고 있습니다. 이 구조는 개인과 사회가 과거, 현재, 미래를 통합하여 자유롭게 변화할 수 있는 가능성을 막고 있습니다.

그러나 태너는 기독교가 금융 자본주의 정신을 약화시키고 새로운 공동체를 창출할 수 있다고 주장합니다. 기독교 믿음은 자본주의의 요구에 맞설 수 있으며, 이를 통해 자본주의 시스템의 결함을 인식하고 저항할 힘을 제공합니다. 기독교는 새로운 금융 자본주의 정신에 맞서 싸울 수 있는 도덕적이고 영적인 근거를 제공하며, 이를 통해 자본주의의 요구와 상반되는 새로운 노동 윤리와 사회적 구조를 제시할 수 있다고 합니다.

그렇다면 성경의 원리 위에 정의롭고 풍요로운 기독교 자본주의를 건설할 수 있을까요? 하나님의 통치 아래에서 시장의 질서를 유지하고 정의롭게 분배하며, 낙오한 자들에게 회복의 기회를 주며 풍요를 추구하는 체제가 가능할까요? 하나님 앞과 사람에게 책임을 지는 청지기 자본주의가 가능할까요? 기독교 자본주의에 대한 상상은 앞으로도 여전히 어려운 과제가 될 것입니다.

3. 교육

성경의 관점에서 본 교육

존 듀이는 『민주주의와 교육』(1916)에서 교육을 경험을 통해 학습함으로써 사회적 존재로 성장하고 발전하는 과정이라고 정의했습니다. 그는 교육의 본질이 경험을 통해 문제 해결 능력을 기르는 것이라고 보았습니다. 그렇다면 성경은 교육을 어떻게 정의할까요?

성경의 하나님 나라 관점에서 교육은 하나님 나라에서 살아갈 수 있는 능력을 기르는 과정을 의미합니다. 창조 당시, 인간은 하나님의 형상대로 지음받아 하나님, 인간, 세상을 이해하고 하나님의 뜻에 따라 성장할 수 있는 능력을 부여받았습니다. 그러나 타락으로 인해 인간의 학습 능력은 왜곡되었습니다. 그럼에도 불구하고 하나님은 일반 은총을 통해 인류가 인간과 세상을 부분적으로나마 이해하고, 기술과 학문을 발전시키며 문명을 전수할 수 있도록 하셨습니다. 또한 특별 은총을 통해 하나님의 백성을 양육하고, 하나님 나라의 시민으로 형성되는 교육 체계를 이루어 가게 하셨습니다.

구약 성경의 교육 원리

구약 성경에서 교육은 가정, 성전, 왕궁에서 이루어졌습니다.[49] 하나님은 이스라엘에게 율법을 주신 후, 가족에게 자녀 교육을 맡기셨습니다. 하나님은 아브라함에게 그 자손과 식구들에게 여호와의 도, 즉 '의와 공도'(정의와 공의)를 행하도록 가르치라고 하셨습니다(창 18). 가장에게 자녀 양육의 책임을 부여하셨습니다.

부모는 하나님을 사랑하라는 계명을 받았습니다. "이스라엘아 들으라 우리 하나님 여호와는 오직 유일한 여호와이시니 너는 마음을 다하고 뜻을 다하고 힘을 다하여 네 하나님 여호와를 사랑하라. 오늘 내가 네게 명하는 이 말씀을 너는 마음에 새기고"(신 6:4-6) 그 다음으로 자녀에게 이 계명을 부지런히 가르치라는 명령을 받았습니다. "네 자녀에게 부지런히 가르치며 집에 앉았을 때든지 길을 갈 때든지 누워 있을 때든지 일어날 때든지 이 말씀을 강론할 것이며 너는 또 그것을 네 손목에 매어 기호를 삼으며 네 미간에 붙여 표로 삼고 또 네 집 문설주와 바깥 문에 기록할지니라"(신 6:7-9)

제사장과 레위인은 공적으로 율법을 가르치는 일을 맡았습니다. 제사장은 성전에서 제사 의식을 담당했을 뿐만 아니라, 백성에게 하나님의 율법도 가르쳤습니다. 레위인은 제사장을 보좌하는 역할을 담당하면서 성전의 실무뿐만 아니라 백성들에게 율법을 교육하는 역할을 맡았습니다. 율법 교육자로서 백성들에게 율법의 기본을 가르치고, 제사장들이 가르친 율법을 더 널리 보급하는 임무를 수행했습니다.

교육과 관련된 또 다른 직책으로 서기관이 있었습니다. 서기관은 문자로 기록하는 일을 맡은 이들이었습니다. 서기관은 히브리 자음 알파벳 22개 문자를 사용했습니다. 히브리어 문자는 원시 가나안 문자에서 기원하여 페니키아 문자와 거의 동일한 형태로 존재하다가 독자적 형태로 발전한 것으로 알려져 있습니다. 이스라엘에서는 학교 교육이 제도화되지 않았지만, 서기관과 관원들을 통해 문해력이 유지되었습니다. 서기관은 궁정의 행정 일과 더불어 율법을 해석하고 교육하는 일을 맡게 되었습니다. 바빌론 포로기 이후 이들의 역할은 더욱 강화되었습니다.

구약 성경에서 예루살렘 성전은 중요한 교육의 장이었습니다. 회당은 바벨론 포로 이후, 공동체의 중심이 되는 교육 기관으로 자리 잡았습니다. 회당은 율법과 전통을 가르치고, 신앙을 교육하는 역할을 했습니다. 회당 교육은 성경을 이해하고 해석하는 능력을 길러주었고, 이는 유대인 공동체의 정체성과 연속성을 유지하는 중요한 역할을 했습니다. 신구약 중간기 하스모니안 왕조 때와 예루살렘이 로마에 멸망당하기 직전, 유대교는 유대인 소년과 소녀들을 위한 공립 학교를 세웠습니다. 정경을 읽고 해석하는 능력

---

49) 뤼디거 룩스/ 구자용 옮김, 『이스라엘의 지혜』 (서울: 한국학술정보, 2012), 89-109.

을 통해 유대교의 정체성을 보전하기 위함이었습니다. 이는 역사상 최초의 보편적 의무 교육을 실행한 사례로 볼 수 있습니다.

역사 속 교육의 발전: 학교 교육

하나님은 인류에게 일반 은총을 베푸셔서 학교를 세우게 하셨습니다. 고대 근동 제국들에는 글을 읽고 쓸 줄 아는 서기관을 양성하는 학교가 있었습니다. 서기관 계층은 국가와 신전을 관리하고 기록하는 중요한 역할을 담당했으며, 왕궁이나 신전 내 학교에서 교육을 받았습니다. 그들은 쐐기 문자 같은 문자 시스템을 배우고, 행정 기록과 종교 기록을 남기는 일을 수행했습니다.

고대 그리스의 도시 국가들은 분열과 경쟁 속에서 시민을 양성하기 위해 학교를 세웠습니다. 그리스에서는 문자를 배우는 것뿐만 아니라, 개인의 지적, 도덕적, 신체적 능력을 균형 있게 발전시키는 교육이 이루어졌습니다. 그리스는 쉬운 알파벳 문자를 기초로 가능한 한 많은 시민에게 글을 배우게 했습니다. 그 결과, 시민의 3분의 1이 글을 읽고 쓸 수 있었다고 전해집니다. 폴리스는 이러한 문해력을 바탕으로 철학, 수사학, 수학, 과학 등 다양한 분야에서 체계적인 교육을 제공하였고, 철학, 역사, 문학 등의 분야에서 중요한 저작들을 기록하여 지식의 축적과 전파를 가능하게 했습니다.

하나님 나라의 교육

하나님 나라의 교육은 무엇일까요? 하나님 나라의 교육은 학생들이 하나님과의 관계, 세상과의 관계, 그리고 인간 간의 관계에서 하나님의 다스림을 받으며, 세상을 올바르게 다스릴 수 있는 능력을 기르는 과정입니다. 학생들은 하나님을 알고, 세상의 법칙을 배우며, 사람들 간의 관계를 이해하고 서로 사랑하는 방법을 배우게 됩니다. 하나님의 특별 은총과 일반 은총이 결합하여 성경의 양육 원리가 현대 교육 영역에서 실현된다면 어떤 모습일까요? 하나님 나라의 교육 원리가 실제로 구현된 사례는 어떤 것들이 있을까요?

교회 교육의 역사

교회 역사는 하나님 나라 교육의 역사를 포함하고 있습니다. 신약 성경에서 교회는 교회와 가정, 학교를 통해 그리스도의 제자를 양육했습니다. 초대 교회는 가정 교회로 시작되었으며, 교회와 가정이 연합하여 자녀를 신자로 기르고, 새 신자를 제자로 양육하는 학습 과정('카테쿠메네', catechumenate)을 통해 신자들을 양육했습니다. 당시 문맹이 많았던 것으로 보이며, 구전으로 신앙 교육을 진행했을 가능성이 큽니다. 수도원은 수도사를 양육하고 도서관을 운영하며 실제 교육의 역할을 담당했습니다. 수도원이 자리 잡으면서 수도원장은 수도사들의 영적 아버지가 되어 신앙 훈련을 이끌었고, 학문 훈련도 병행했습니다.

고대 교회는 고대 근동과 그리스의 학교 제도를 점차 받아들였으며, 주교가 있는 주교좌 성당은 병설 학교를 운영했습니다. 교회는 이 학교를 통해 신학 교육과 일반 교육을 병행했으며, 이 학교들은 교회의 지도자를 양성하는 중요한 역할을 했습니다. 중세 교회는 대학을 출현시켰습니다. 11-12세기 중세 시대에는 대학이 설립되었고, 대학은 지식과 신앙의 통합을 목표로 신학, 철학, 과학 등 다양한 학문을 가르쳤습니다. 이 대학들은 당시 최고의 지식인들을 배출했습니다. 종교개혁 때 개신교는 인쇄 매체를 통해 모든 신자에게 성경과 교리 교육을 시도했으며, 대학 설립과 운영에 힘을 쏟았습니다. 그러나 여전히 문맹률이 높았고, 교육을 받을 수 있는 사람은 주로 귀족이나 전문가 계층에 제한되었습니다.

근대에 접어들면서 일반 평민들도 교육을 받고자 하는 열망이 퍼졌습니다. 시민들이 교육을 받아야 한다는 인식이 확산되었고, 근대 교회는 성경을 읽을 수 있는 교육을 목표로 학교를 설립하기 시작했습니다. 이 시기에 가장 주목받은 교육 운동은 로버트 레이크스(1736-1811)의 '주일학교 운동'입니다. 산업 혁명으로 어린이들의 교육 기회가 제한되자, 레이크스는 일요일에 지역 어린이들을 모아 성경을 가르치고 기초 학습을 제공하는 주일학교를 시작했습니다.

로버트 레이크스의 주일학교 운동

로버트 레이크스 언론인이었습니다. 1757년에 글로스터에서 부친의 일을 계승하여 인쇄업과 지역 언론인 '글로스터 저널'을 운영했습니다. 처음에는 교도소 개혁 문제에 관심을 가지셨으며, 교도소의 실정을 알리고 개혁을 촉구하셨습니다. 1758년에 레이크스는 '로버트 레이크스 하우스'에서 주일학교를 시작했습니다.

이 건물은 신문사, 인쇄소, 그리고 가정이 함께 있는 곳이었으며, 교사로는 평신도 교인들이 참여하였고, 교재로는 성경을 사용하였습니다. 주일학교에서는 읽기를 배우고 교리 교육을 받았습니다. 레이크스는 주일학교 일정을 오전 10시부터 12시까지, 그리고 오후 1시부터 5시까지로 구성하였습니다. 이 시간 동안 어린이들은 성경을 읽고, 교리를 배우며, 교회 활동에 참여하였습니다.

레이크스의 주일학교 운동은 처음에는 비난과 조롱을 받기도 하였지만, 결국 성공하였습니다. 아담 스미스(1723-1790)께서는 "사도들의 시대 이후 이 계획보다 더 쉽고 간단하게 삶의 모습을 변화시킨 것은 없었다."고 증거했습니다. 주일학교 운동은 점차 거대한 운동으로 번져갔습니다. 1780년에는 메리딧의 집에서 시작했을 때 소년들만 참석하였고, 소녀들은 나이 많은 소년들의 수업을 들었습니다. 나중에는 소녀들도 수업을 들었습니다. 2년 안에 여러 학교가 글로스터 근방에 세워졌습니다. 1788년에는 30만 어린이가 지역 주일학교에 다녔고, 1831년에는 125만 명의 어린이가 주일학교 교육을 수료하였습니다. 1910년에는 550만 명에 이르렀습니다. 영국에서 국가의 공교육이 시작되기 전, 현대의 학교 교육 체제의 기초를 마련하는 데 중요한 역할을 하였습니다.

기독교 교육의 가능성

근대 이후 개신교회는 제네바 대학, 하버드 대학을 비롯하여 많은 기독교 대학을 설립했습니다. 그러나 20세기 서구 사회가 다원주의와 세속주의로 변하면서 기독교 교육은 큰 위기에 봉착했습니다. 세속 국가가 교육을 세속화하고, 국가를 위한 인력을 양성하는 교육 정책을 추진했기 때문입니다. 현재 기독교 대학은 세속주의의 압력 속에서, 기독교 세계관에 기반을 두고 교육의 방향을 설정하려는 고민에 직면해 있습니다.

우리 시대에 기독교 교육은 어떻게 이루어져야 할까요? 하나님 나라의 가치관을 따라 가정과 학교가 함께 협력하여 다음 세대를 양육하는 교육이 가능할까요? 우리가 하나님을 알아가고, 인간을 이해하며, 세상의 법칙을 발견하는 과정에서 하나님이 맡기신 세상을 잘 경영할 수 있는 교육을 어떻게 실현할 수 있을까요? 하나님 나라의 원리에 기초한 통합적이고 실천적인 교육 모델을 제시할 수 있을까요? 단순히 이론적인 지식만을 전달하는 것이 아니라, 하나님과의 관계, 인간과의 관계, 그리고 세상과의 관계를 올바르게 이해하고 실천하는 능력을 기를 수 있을까요?

4. 미디어

성경의 관점에서 본 미디어

미디어는 인간이 서로 의사를 전달하고 정보를 소통하는 데 사용하는 중간 매체를 의미합니다. 메시지를 표현하고 기호를 운반하는 매개 수단으로서, 마셜 맥루한은 그의 저서 미디어의 이해 (1964)에서 미디어를 인간의 감각과 능력을 확장하는 도구라고 설명했습니다. 또한, 그는 "미디어는 메시지다"라는 유명한 말을 남겼습니다. 이는 미디어가 그 안에 담긴 메시지보다 더 큰 역할을 한다는 뜻입니다.[50] 미디어의 중요성이 점점 더 커지고 있는 오늘날, 성경에는 미디어에 대한 언급이 있을까요?

성경에서 미디어는 하나님과 인간, 그리고 영적 존재들(천사와 악령)이 인격적으로 서로 뜻을 전달하기 위해 사용하는 수단을 가리킵니다. 창조 당시, 인간은 하나님의 형상대로 지음받아 자신의 의사를 표현하고 소통할 수 있는 능력을 부여받았습니다. 그러나 타락으로 인해 인간의 말은 왜곡되었고, 의사소통 능력이 저하되었으며 거짓 정보가 유통되었습니다. 그럼에도 불구하고 하나님은 인류에게 일반 은총을 베푸셔서 문자를 발전시키고, 서로 소통할 수 있는 능력을 허락하셨습니다. 또한, 특별 은총을 통해 하나님의 백성이 서로 소통하고 세상과 소통하며, 하나님 나라의 복음을 전할 수 있도록 도와주셨습니다.

구약 성경의 미디어 원리

하나님은 자기 자신을 계시하실 때 다양한 매체를 사용하셨습니다. 인간의 말을 통해 하나님의 뜻을 전달하셨으며, 시간이 지나면서 다른 매체들도 개발하셔서 사용하셨습니다. 인간이 그림과 문자를 사용하자 이를 통해, 상징과 제의를 만들어내자, 이들 또한

---

[50] 마샬 맥루한/ 박정규 옮김, 『미디어의 이해』(서울: 커뮤니케이션스북스, 1997), 23. 1964년 Understanding Media라는 제목으로 출판되었다.

사용하시며 하나님의 성품과 뜻을 드러내셨습니다.

하나님은 상징 미디어를 많이 사용하셨습니다. 노아 때에는 무지개를 언약의 징표로 삼아, 세상을 물로 심판하지 않겠다는 의지를 표현하셨습니다(창 9:13-17). 아브라함과 그의 후손에게는 남자의 포피를 베는 할례를 하나님의 백성으로 삼는 언약의 징표로 삼으셨습니다(창 17:9-14). 유월절은 후세대에게 출애굽 사건을 기념하는 절기로서 구속의 상징이 되었고, 양과 무교병, 쓴 나물을 통해 하나님의 구속 역사를 전하셨습니다(출 12:1-14). 하나님은 또한 기념물이라는 미디어도 사용하셨습니다. 요단강을 건넌 후, 이스라엘 백성은 하나님이 광야에서 인도하신 것을 기념하기 위해 길갈에 열두 돌을 세우게 하셨습니다(수 4:1-9). 사무엘은 하나님의 도움으로 블레셋을 물리친 후, '여기까지 우리를 도우셨다'라는 의미로 에벤에셀이라는 돌을 세웠습니다(삼상 7:12).

하나님은 특히 문자를 기록한 미디어를 사용하셨습니다. 시내산에서 두 돌판에 십계명을 문자로 기록하셨습니다(출 24:12). 왕정 시대에 문명이 발전함에 따라 서기관에게 양피지나 파피루스에 하나님의 말씀을 기록하게 하셨습니다. 이러한 기록된 문서들은 하나님의 말씀과 역사를 후대에 전하기 위한 중요한 미디어가 되었습니다.

역사 속 미디어의 발전: 말, 문자, 인쇄술, 라디오, TV, 인터넷, 모바일

하나님은 인류에게 일반 은총을 베푸시어 다양한 미디어를 개발하게 하셨습니다. 선사 시대에는 말(음성)과 그림 등의 미디어가 사용되었고, 역사 시대에는 문자와 인쇄 매체가 등장했습니다. 현대에 이르러서는 라디오, TV, 인터넷, 모바일 기기 등이 발전했습니다. 연세대학교 김주환 교수는 『디지털 미디어의 이해』(2008)에서 미디어의 발전을 다섯 단계로 설명합니다.[51]

첫째는 음성 언어 매체입니다. 구술 전승을 통해 정보와 이야기가 전달되었습니다. 둘째는 문자 매체입니다. 글씨와 기록의 발명으로 분석적이고 체계적인 정보 전달할 수 있게 됐습니다. 셋째는 인쇄 매체입니다. 인쇄술의 발명으로 대량 생산할 수 있게 됐으며, 책, 신문, 잡지 등이 출판되었습니다. 넷째는 전자 매체입니다. 1930년대 라디오와 1950년대 텔레비전의 출현으로 음성과 영상이 대중에게 전달되었고, 정보의 신속한 전파가 가능해졌습니다. 다섯째는 디지털 매체입니다. 인터넷과 소셜 미디어의 발전으로 다양한 매체에 실시간 정보 접근과 상호작용이 가능해졌습니다.

역사를 통해 볼 때, 새로운 매체는 새로운 시대와 사회를 만들어왔습니다. 음성 언어 매체 시대는 원시 채집 사회를 이루었고, 문자 매체 시대는 고대 농경 사회를 형성했습니다. 인쇄 매체는 근대 산업 사회를 열었고, 전자 대중 매체는 대량 생산으로 현대 대중 사회를 창조했습니다. 디지털 매체는 대량 개별 생산을 가능하게 하여 정보 사회의 시대를 열었습니다.

---

51) 김주환, 『디지털 미디어의 이해』 (서울: 생각의 나무, 2008).

현대의 대중 미디어는 종종 획일적 사고를 강요하고, 정보의 흐름을 하나의 방향으로만 제한하며, 개인을 더욱 고립시키고 파편화하는 경향이 있습니다. 디지털 미디어는 편리함과 접근성을 제공하지만, 동시에 사람들을 외롭고 고립된 존재로 만들고 있습니다.

하나님 나라의 미디어

하나님 나라의 미디어는 하나님의 뜻을 세상에 전하고 소통하는 매체로, 하나님의 가치와 원리를 확산시키는 중요한 역할을 합니다. 이를 통해 하나님 나라 문화를 세상에 전파하고, 세상과 소통하며 변화를 이끌어냅니다. 하나님 나라의 미디어는 단순히 정보를 전달하는 것을 넘어서, 하나님께서 주신 사랑과 정의, 공의의 메시지를 사람들의 마음에 심어주고, 그들의 삶을 변화시키는 도구로 사용됩니다.

하나님의 특별 은총과 일반 은총이 결합하여 성경의 미디어 원리가 현대 미디어에서 구현된다면 어떤 모습일까요? 현대의 대중 미디어는 획일적 사고를 강요합니다. 정보 사회의 디지털 미디어는 외롭고 파편화된 개인을 만들고 있습니다. 이런 시대에 하나님 나라의 미디어는 어떤 미디어가 되어야 할까요?

기독교 미디어의 가능성

교회는 오랫동안 언어와 문자라는 전통적인 매체를 통해 기독교적 가르침과 가치를 전달해 왔습니다. 인쇄술의 발명 이후, 성경의 대량 보급이 가능해졌고, 이는 많은 사람들에게 하나님의 말씀을 전달하는 중요한 전환점을 만들었습니다. 또한, 기독교 방송 매체의 등장으로 예배와 설교는 더욱 널리 전파될 수 있었고, 기독교적 주제를 다룬 다양한 작품들이 사회 속에서 더욱 활성화되었습니다.

디지털 미디어의 활용은 교회 사역에서 점점 중요한 역할을 차지하고 있습니다. 예배 중계와 온라인 성서 공부를 통해 교회와 신자들 간의 소통이 강화되고 있으며, 물리적인 거리를 초월해 예배와 교육을 제공할 수 있게 되었습니다. 교회는 이제 미디어를 활용하여 복음을 더욱 효과적으로 전달하고 있으며, 이를 통해 다양한 문화와 대화를 시도하며 신앙을 나누고 있습니다.

미디어는 교회가 복음을 전하는 매개체로서 중요한 역할을 할 뿐만 아니라, 사회와 문화에 대한 기독교적 관점을 제시하고 대화의 장을 여는 도구로도 활용되고 있습니다. 이를 통해 교회는 변화하는 시대에 맞추어 하나님의 뜻을 전하고, 믿음과 사랑의 공동체를 확장하는 데 기여하고 있습니다.

박진규의 『미디어, 종교로 상상하다』

서울여자대학교 영상학부 박진규 교수는 그의 저서 『미디어, 종교로 상상하다』(2023)에서 미디어의 역할을 심도 있게 탐구하며, 미디어가 사회의 공적 영역과 상징적 영역을 드러내는 중요한 도구라고 설명합니다. 그는 미디어를 단순히 독립적이거나 대립적인 매체로 보지 말고, 세상과 소통할 수 있는 중요한 통로로 이해하자고 강조합니다. 즉, 미디어를 세상의 시각을 읽는 매체로 활용

하여, 세상의 언어로 복음을 번역하는 능력을 기르자는 주장입니다.[52]

박 교수는 미디어와 관련하여 네 가지 주요 제안을 합니다. 첫째, 미디어는 교회를 한국 사회에서 주요 권력의 한 축으로 보고 이를 감시하고 비판하는 역할을 해야 한다고 주장합니다. 둘째, 미디어를 통해 대중 언어로 소통하는 능력을 기르는 것이 중요하다고 강조합니다. 대중의 언어를 이해하고 활용할 수 있어야만 대중과 효과적으로 소통할 수 있다는 것입니다. 셋째, 미디어를 소통의 도구로 적극적으로 활용하자고 제안합니다. 넷째, 미디어에서 사회와 대중이 교회에 바라는 기대와 메시지를 파악하고 이를 반영해야 한다고 말합니다.

특히 박 교수는 현재 한국 미디어가 한국 교회를 독선, 배타성, 권력 지향성, 물질주의 등으로 비판하는 현실에 주목하고, 이를 통해 한국 미디어가 교회에 다섯 가지 요구를 하고 있다고 봅니다. 첫째, 약자 편에 서기, 둘째, 불의에 저항하기, 셋째, 사회 통합과 화해에 기여하기, 넷째, 비물질적 가치를 모범으로 보여주기, 다섯째, 대안적 가치, 원천, 삶의 방식, 상상력을 제공하기입니다. 이 요청들은 각기 중요한 의미를 지니며, 교회가 사회와 대중의 기대에 어떻게 응답해야 할지를 깊이 성찰하게 만듭니다.

기독교 미디어 리터러시

미디어 시대에 접어들면서 미디어 리터러시의 중요성이 더욱 강조되고 있습니다. 미디어 리터러시는 첫째, 디지털 기술을 활용하여 정보를 찾고 소통하는 능력입니다. 이는 디지털 환경에서 정보를 검색하고 평가하는 능력을 포함합니다. 둘째, 미디어 리터러시는 미디어의 내용을 비평적으로 사고하는 능력입니다. 오늘날 편향되고 왜곡된 가짜 뉴스가 넘쳐나는 가운데, 정보를 신중하고 지혜롭게 평가하는 능력이 중요합니다. 셋째, 미디어 리터러시는 자신의 의견이나 이야기를 미디어를 통해 효과적으로 표현하고 공유하는 능력을 의미합니다. 이는 디지털 세계에서 하나님 나라를 살아가기 위한 필수적인 능력입니다.

디지털 세계는 그리스도인들에게 새로운 도전을 안겨줍니다. 하나님 나라의 가치와 원리를 디지털 공간에서 실현하려면, 사랑, 정의, 평화, 절제, 창조성을 바탕으로 디지털 미디어를 책임감 있게 활용하는 능력이 필요합니다. 디지털 공간에서 하나님의 성품과 전략을 드러내며 세상에서 빛과 소금의 역할을 수행하는 기독교 미디어의 미래를 꿈꿔봅니다.

하나님 나라의 미디어는 사람들을 결속시키고, 공동체를 이루게 하며, 신뢰와 사랑, 소통을 바탕으로 관계를 형성할 수 있을까요? 단순히 정보를 전달하는 것을 넘어, 사람들의 마음을 변화시키고, 진리와 선의 메시지를 전달하는 역할을 할 수 있을까요? 다양한 사람들과 문화가 교차하는 공간에서 상호 존중과 사랑을 실천하며, 세상의 혼란과 분열을 치유하는 공간이 될 수 있을까요?

---

52) 박진규, 『미디어, 종교로 상상하다』 (서울: 컬처룩, 2023), 115-136, 156-178.

5. 예술과 엔터테인먼트

1) 예술

성경의 관점에서 본 예술

임마누엘 칸트는 『판단력 비판』(1790)에서 예술을 자발적 상상력을 통해 '순수 미' 자체를 경험하는 활동으로 정의했습니다. 그렇다면 성경은 예술에 대해 무엇이라고 말할까요? 하나님 나라의 관점에서 예술을 어떻게 설명할 수 있을까요? 창조의 관점에서 보면, 하나님은 인간에게 창조 세계의 아름다움을 인식하고 표현할 수 있는 감성을 주셨습니다. 예술은 피조 세계의 미적 차원을 드러내는 일로 이해될 수 있습니다. 그러나 타락 이후 인간의 예술성은 퇴보했습니다. 그럼에도 불구하고 하나님은 일반 은총을 통해 인간의 미적 감수성을 여전히 유지하게 하셨습니다. 더 나아가, 특별 은총을 베푸셔서 하나님의 백성들이 하나님의 아름다움을 예배하고, 세상의 아름다움을 즐길 수 있도록 축복하셨습니다.

구약 성경의 예술의 원리

이스라엘은 하나님의 구원을 경험한 후, 다양한 예술 활동을 통해 하나님께 감사와 찬양을 드렸습니다. 프란시스 쉐퍼(1912-

1984)는 『예술과 성경』(1973)에서 성막과 성전의 미술, 음악, 문학, 시, 내러티브, 드라마, 춤 등 여러 예술 활동을 소개합니다.[53] 쉐퍼는 예술이 단순한 사치품이나 무의미한 오락이 아니라, 인간의 창조성을 통해 하나님의 창조성을 반영하는 중요한 표현 방식이라고 주장합니다. 그는 그리스도인들이 예술을 무시하거나 경시하지 말고, 성경의 가르침에 따라 예술을 풍성하게 활용할 것을 권장합니다. 예술이 인간 문화와 세상에 깊은 영향을 미치므로, 그리스도인들도 이러한 문화적 대화에 참여해야 한다고 말합니다.

성막과 성전

성막과 성전은 하나님을 예배하는 데 필요한 모든 형태의 예술을 동원했습니다. 하나님은 모세에게 성막의 모양과 기구를 세밀하게 지시하고, 모든 형태의 재현 예술을 동원하여 성막을 짓게 하셨습니다(출 25:9). 이스라엘은 법궤 위에 그룹 천사를 조각했으며(출 25:18-20), 꽃과 꽃봉오리로 장식된 등잔대를 만들었습니다(출 25:31-36). 제사장의 의복에는 청색, 자색, 주홍색 실로 석류를 수놓고 금방울을 달았습니다(출 28:33). 하나님은 우상숭배 행위는 금하셨지만(출 20:4-5), 작품을 만드는 행위 자체는 금지하지 않으셨습니다.

다윗은 하나님의 영감을 받아 성전을 아름답게 설계하고, 이

---

[53] 프란시스 쉐퍼/ 김진선 옮김, 『예술과 성경』(서울: IVP, 2002). 1973년 Art and the Bible이라는 제목으로 출판되었다.

를 아들 솔로몬에게 전달했습니다(대상 28:11-12). 성전은 완벽한 건축물로 지어졌고, 내부는 온갖 예술품으로 장식되었습니다. 성전 앞에 세운 두 기둥, 야긴과 보아스는 뛰어난 미술품이었습니다(대하 3:15-17). 기둥머리에 사슬을 만들어 두르고, 사슬에 석류 백 개를 달았습니다. 진흙 주형에 부어 청동 '바다'(대야)를 만들고, 바다 아래 주위에는 소의 형상을 만들었습니다(대하 4:2-5). 백합화 꽃, 석류, 소의 장식 같은 비종교적 모티브도 사용되었습니다.

음악과 춤

이스라엘은 음악과 춤을 중요한 예술로 활용하여 하나님을 찬양하고 경배했습니다. 바로의 군대로부터 구원받은 후, 미리암과 여인들은 소고를 잡고 춤추며 하나님을 찬양했습니다. "그는 높고 영화로우심이요, 말과 그 탄 자를 바다에 던지셨음이로다"(출 15:20-21).

다윗은 소년 시절부터 음악가이자 시인으로서, 나무를 꺾어 하프를 만들어 연주하며 여호와를 찬양하는 노래를 불렀습니다. 다윗은 성막이 예루살렘으로 들어올 때 법궤 앞에서 춤을 추기도 했습니다(삼하 6:14-16). 또한, 성전을 위해 제금, 비파, 수금, 나팔 등 악기와 사천 명의 합창대를 조직하여 하나님께 장엄하고 웅대한 찬양을 올렸습니다(대하 29:25-26). 성전 예배는 사실상 공연 예술로 드려졌습니다.

성경 문학

이스라엘은 성경을 기록하는 과정에서 역사, 내러티브, 시편, 잠언 등 다양한 문학 작품을 창작했습니다. 선지자들은 하나님의 메시지를 전하기 위해 드라마를 연출하기도 했습니다. 예를 들어, 에스겔은 예루살렘의 함락을 예고하는 드라마를 일 년 이상 매일 공연했습니다(겔 4:1-3).

역사 속 예술의 발전: 종족 예술과 고전 예술과 대중 예술

예술은 역사 속에서 종족 예술, 고전 예술, 대중 예술로 발전했습니다. 인류는 사회의 변화에 따라 발전하고 상호작용을 하며 다양한 예술적 표현을 만들어냈습니다.

종족 예술

종족 예술은 선사 시대부터 특정 부족이나 지역 공동체의 문화적, 종교적, 사회적 필요를 반영하여 발전한 예술 형식입니다. 이 예술은 인간 본연의 본능적이고 종교적인 표현으로 시작되었으며, 인류가 생존하면서 자연환경과 상호작용을 하며 발전했습니다. 예술품은 종종 자연에서 얻은 재료로 만들어졌고, 특정 지역의 문화적 특성을 반영하여 조각, 그림, 공예품 등을 제작했습니다. 종족 예술은 일상생활의 의례나 신앙을 표현하고 강화하는 데 중요한 역할을 했습니다. 종교적 상징성, 신화적 이야기, 사회적 계급의 주제를 반영하는 예술품을 많이 남겼습니다.

고전 예술

고전 예술은 그리스와 로마 같은 고대 문명에서 시작되어 르네상스 시대에 이르기까지 발전한 서구의 예술 형식을 말합니다. 고전 예술은 인체의 아름다움, 균형, 조화 등을 강조하며 인간의 형태를 자연스럽게 재현했습니다. 비례와 균형이 중요한 원칙이었으며, 조각, 건축, 회화에서 이상적인 아름다움을 탐구했습니다. 그리스의 예술 정신은 로마로 이어졌고, 중세 시대를 지나 르네상스 시대에 고전적 가치가 부활했습니다. 인문주의와 과학적 사고가 다시 발전하면서 미켈란젤로, 다 빈치와 같은 예술가들은 인간의 형상과 자연을 더욱 정교하고 사실적으로 표현한 작품으로 세계를 놀라게 했습니다.

대중 예술

대중 예술은 19세기 산업 혁명과 함께 시작되었습니다. 기술의 발전과 상업화, 도시화가 촉진되면서 엘리트 계층을 넘어 대중이 공유하고 향유하는 예술이 만들어졌습니다. 포스터, 광고, 영화, 팝 음악 등이 인기를 끌었으며, 20세기 중반 이후 대중 예술은 다양한 미디어를 통해 세계적으로 확장되었습니다. 대중음악, 영화, 만화, 비디오 게임 등은 오늘날 세계인의 일상이 되었습니다.

예술의 범위

현재 예술로 분류되고 있는 것에는 무엇이 있을까요? 먼저 시각 예술이 있습니다. 회화와 조각, 사진, 디지털 아트가 이에 해당합니다. 다음 공연 예술이 있습니다. 음악, 연극, 무용(춤)이 여기에 해당합니다. 문학이 있습니다. 시, 소설, 극문학(희곡, 대본)이 여기에 해당합니다. 응용 예술이 있습니다. 건축, 디자인, 공예가 이에 해당합니다. 새로운 현대 예술의 장르도 출현했습니다. 컨셉추얼 아트, 퍼포먼스 아트, 비디오 아트 등 새로운 예술의 장르도 출현했습니다. 예술의 범위는 인간의 다채로운 미학적 활동과 함께 계속 확장되고 있습니다.

하나님 나라의 예술

하나님 나라의 예술은 하나님의 창조 세계의 아름다움과 질서를 발견하고, 그것을 표현하여 아름다운 세상을 창조하는 것입니다. 하나님께서 창조하신 세계는 질서와 조화를 이루며, 그 안에 숨겨진 아름다움과 진리가 존재합니다. 예술은 이러한 창조의 본질을 드러내며, 하나님의 뜻을 세상에 전하는 중요한 역할을 합니다.

하나님 나라의 예술은 단순히 미적 아름다움을 추구하는 것이 아니라, 하나님의 창조적 질서와 샬롬을 회복하려는 노력이기도 합니다. 예술은 사회적 변화를 이끌어내고, 세상의 불균형과 혼란을 치유하는 도구가 될 수 있습니다. 예술을 통해 우리는 인간을 포함한 창조 세계의 숨겨진 아름다움을 발견하고, 그것을 세상에 드러냄으로써 하나님 나라의 가치와 원리를 확산시킬 수 있습니다. 하나님의 특별 은총과 일반 은총이 결합한 형태로 성경의 예술 원리들이 현대 예술 영역에서 실현된다면 어떤 모습일까요?

기독교 예술의 가능성

기독교 교회는 역사 속에서 예술을 하나님께 예배하는 중요한 도구로 활용했습니다. 그림, 음악, 문학, 공연 예술 등 다양한 예술 형식을 통해 하나님을 예배하고, 일반 은총을 통해 발전한 창조성을 발휘하여 하나님의 아름다움과 세상의 아름다움을 즐겼습니다. 예술은 인간의 고통과 상처, 세상의 아픔을 표현하고 치유하며 회복하는 역할을 했습니다.

기독교 예술은 또한 하나님의 정의와 사랑을 선포하고, 불의에 저항하며, 사람들의 인식을 변화시키고, 하나님 나라의 가치를 확산시키는 도구로 사용될 수 있습니다. 예언자들이 말씀을 통해 경고와 회복의 메시지를 전했던 것처럼, 예술도 사회와 시대에 대한 하나님의 뜻을 반영할 수 있습니다.

하나님 나라의 예술은 자연과 인간을 포함한 모든 창조 세계의 아름다움과 조화를 표현하며, 창조 질서를 반영하여 하나님을 찬양하고 경배하는 작품을 창출합니다. 예술은 불의와 불평등에 맞서 싸우고 평화와 정의를 확립하는 메시지를 전달하며, 사회적 변화를 촉진하고 그리스도의 사랑과 정의를 실천하는 도구로 작용할 수 있습니다. 또한, 예술은 공동체와의 소통을 중요시하며, 서로 다른 문화와 사람들 간의 관계를 변화시키고, 상호 존중과 사랑을 기반으로 연결을 돕는 중요한 수단이 됩니다.

하나님 나라의 예술은 창조적 표현을 통해 하나님께 영광을 돌리고, 그 창조적 능력을 인정하며, 세상에 하나님의 은혜를 전달하는 역할을 합니다. 이처럼, 하나님 나라의 예술은 하나님께 영광을 돌리고, 창조 세계의 질서를 회복하며, 그리스도의 사랑을 세상에 전파하는 중요한 역할을 수행합니다.

니콜라스 월터스토프의 『행동하는 예술』

하나님 나라의 예술을 논의한 미국 철학자 니콜라스 월터스토프를 소개하고자 합니다. 그는 『행동하는 예술』(1980)에서 기독교적 세계관에 기반한 예술 이론을 제시했습니다.[54] 현대 미학은 주로 예술을 감상적 대상으로만 여기는 경향이 강하고, 예술을 생활과 분리된 순수한 감상의 영역으로 제한합니다. 이에 반해 월터스토프는 예술이 일상에서 다양한 역할을 하는 도구적 성격을 지닌다고 주장합니다. 예술은 그 자체로 가치가 있지만, 실천적이고 공적인 목적을 위한 수단으로 기능한다고 합니다.

월터스토프는 예술을 인간 창의성의 발현으로 보고, 인간이 하나님의 창조성을 닮아 예술 활동을 통해 창의성을 발휘한다고 봅니다. 인간은 예술을 통해 하나님의 창조 세계의 아름다움과 질서를 반영하며, 또한 하나님의 샬롬을 회복하는 도구로 사용할 수 있습니다. 여기서 '샬롬'은 단순한 평화를 넘어서 하나님과 인간, 인간과 자연 사이의 조화와 화목을 뜻하는 더 넓은 개념입니다. 예술은 미적 가치를 추구하는 것에 그치지 않고, 샬롬을 회복하는 중요한 사명을 가진다고 합니다.

---

54) 니콜라스 월터스토프/ 신국원 옮김, 『행동하는 예술』 (서울: IVP, 2010), 21-49, 229-287. 1980년 Art in Action이라는 제목으로 출판되었다.

월터스토프는 예술이 대안적 세계를 투영하는 역할을 한다고 설명합니다. 예술 작품은 현실과 다른 세계를 제시하면서, 그 현실에 대한 비판적 통찰을 제공합니다. 이를 통해 예술은 우리가 살고 있는 세계의 문제를 직시하게 하고, 개선과 변혁의 가능성을 상상하게 합니다. 예를 들어, 회화, 음악, 문학 등의 예술 작품은 현실을 반영하면서도 세상에 내재한 문제를 지적하고, 이상적인 세계를 상상하게 만듭니다. 예술은 세상에 대한 새로운 가능성을 제안하며, 샬롬을 회복하는 실천적 도구가 될 수 있습니다.

월터스토프는 예술이 공적인 영역에서 어떻게 활용될 수 있는지 고민합니다. 그는 예술이 단순히 사적인 감상의 대상으로만 남지 않고, 사회와 공동체에서 변화를 일으킬 수 있는 도구로 사용될 수 있다고 믿습니다. 예술은 사람들에게 새로운 관점을 제시하고, 감정을 환기시키며, 사회적 문제를 직시하게 합니다. 이러한 과정을 통해 예술은 사회 변혁을 위한 강력한 도구로 작용할 수 있습니다. 특히 월터스토프는 기독교 예술이 사회 정의와 화해, 샬롬을 실현하는 데 중요한 역할을 해야 한다고 주장합니다. 예술은 미적 즐거움을 넘어, 사회의 죄와 불의를 고발하고, 파괴된 인간관계와 창조 세계의 회복을 위한 도구가 될 수 있습니다.

월터스토프는 예술의 도구적 가치를 강조하면서도, 예술이 단순히 목적을 위한 수단으로만 사용되어서는 안 된다고 경고합니다. 그는 예술이 고유한 가치를 지닌 활동이며, 인간의 창조적 표현으로서 존중받아야 한다고 주장합니다. 예술은 하나님의 창조 세계를 반영하며, 인간이 하나님과의 관계 속에서 창조성을 발휘하는 중요한 수단입니다. 예술은 도구적 가치뿐만 아니라 그 자체로도 내재적 가치를 지니며, 우리 삶의 중요한 부분으로 자리 잡아야 합니다. 예술은 하나님이 인간에게 주신 선물이며, 이를 통해 우리는 샬롬을 회복하고, 더 나은 세계를 상상하며, 사회적 변화를 이끌어낼 수 있습니다.

2) 엔터테인먼트

성경의 관점에서 본 엔터테인먼트

엔터테인먼트는 사람들에게 즐거움과 오락을 제공하며, 시간을 즐겁게 보낼 수 있는 활동이나 매체를 의미합니다. 요한 하위징아(1872-1945)는 『호모 루덴스』(1938)에서 인간을 놀이하는 존재로 정의하며, 놀이 본능이 문화와 문명의 발전에 중요한 역할을 했다고 말했습니다. 그렇다면 성경은 엔터테인먼트를 어떻게 다루고 있을까요? 하나님 나라의 관점에서 엔터테인먼트를 어떻게 이해할 수 있을까요?

엔터테인먼트는 하나님께서 창조하신 즐거움과 기쁨을 경험하는 방법으로 볼 수 있습니다. 세상 창조를 기뻐하신 하나님은 인간에게 즐거움을 추구하는 본능을 주셨습니다. 그러나 타락 이후, 인간의 기쁨을 추구하는 본능은 왜곡되어, 놀이는 종종 인간의 욕망을 부추기는 수단으로 전락하게 되었습니다. 그럼에도 불구하고 하나님은 일반 은총을 통해 인간이 놀이 본능을 일부적으로 사용하여 문명을 유지하고 발전시킬 수 있도록 하셨습니다. 더 나아가, 특별 은총을 통해 하나님 나라의 백성들이 지상의 기쁨과 천상의 기쁨을 함께 누리도록 축복하셨습니다.

구약 성경의 엔터테인먼트의 원리

구약 성경에는 다양한 엔터테인먼트 활동이 등장합니다. 하나님은 이스라엘 백성이 다양한 형태의 오락과 여가 활동을 즐기도록 축복하셨습니다. 성경 속에는 음악, 춤, 축제, 연회, 게임 등 여러 형태의 엔터테인먼트가 나타납니다.

첫째, 음악은 예배 활동뿐만 아니라 중요한 오락이었습니다. 하나님을 찬양할 때뿐만 아니라 기쁨을 표현할 때도 음악을 사용했습니다. 다윗 왕은 수금(하프, 리라)을 연주하여 사울 왕의 마음을 진정시키고 즐거움을 주려 했습니다(사무엘상 16:23). 시편은 다양한 상황에서 부르는 여러 장르의 노래를 소개하며, 신앙적 내용과 함께 기쁨을 표현합니다.

둘째, 춤은 이스라엘 백성이 하나님의 승리나 구원을 축하할 때 즐기던 활동이었습니다. 미리암은 홍해를 건넌 후 이스라엘 백성들과 함께 소고를 치며 춤을 추며 하나님을 찬양했습니다(출 15:20-21). 다윗 왕 역시 하나님의 언약궤를 예루살렘으로 옮길 때 춤을 추며 기뻐했습니다(삼하 6:14-16).

셋째, 절기와 축제는 이스라엘이 하나님의 구원을 기념하며 함께 모여 즐겁게 시간을 보내는 자리였습니다. 유월절은 이스라엘이 애굽에서 탈출한 사건을 기념하는 절기로, 가족들이 함께 모여 식사를 나누며 구원을 기념했습니다(출 12장). 초막절은 농작물 수확을 기념하는 감사의 축제였으며, 사람들은 임시 거처에서 생활하며 공동체와 함께 기쁨을 나누고 하나님께 감사했습니다(레 23:33-43).

넷째, 잔치와 연회는 구약 성경에서 중요한 사회적 행사로 등장합니다. 왕이나 부유한 사람들이 축하와 기념을 위한 자리에서 잔치를 벌였고, 공동체는 함께 기쁨을 나누었습니다. 솔로몬왕의 시대에는 이스라엘 백성들이 평화 속에서 축복을 누리며 각자의 무화과나무 아래에서 음식을 나누며 기쁨을 즐겼습니다(왕상 4:20-21). 잔치는 왕국의 평화와 풍요를 상징하는 중요한 활동이었습니다.

다섯째, 게임과 경쟁도 구약 성경에서 다뤄집니다. 삼손은 결혼식에서 손님들과 수수께끼 놀이를 했습니다(삿 14:12-14). 또한, 다윗과 골리앗의 싸움은 단순한 전투가 아니라 결투 형식을 갖춘 중요한 사건이었습니다(삼상 17장).

여섯째, 이야기와 시 같은 구전 전승을 통해 이스라엘 백성은 즐거움을 나누었습니다. 솔로몬의 잠언과 같은 지혜 문학은 교훈적이면서도 당시 사람들에게 중요한 문화적, 지적 오락이었습니다. 출애굽이나 다윗의 승리와 같은 역사적인 이야기는 종종 축제나 잔치에서 사람들에게 낭송되었을 가능성이 큽니다.

역사 속 엔터테인먼트의 발전

인류는 역사적으로 일상에서 벗어나 즐거움을 주고 잠시 휴식을 취할 수 있는 엔터테인먼트 활동을 발전시켜 왔습니다. 고대 그리스는 엔터테인먼트의 선도적인 민족으로, 극장을 발명하고 비극(트라고이)과 희극(코메디)이라는 연극 장르를 발전시켰습니다. 그들은 올림피아드와 같은 체육 경기를 통해 시민들에게 기쁨을 안겨주었으며, 음악, 무용, 시, 그림, 조각 등 다양한 예술뿐만 아니라 축제와 의식을 통해 공동체의 즐거움을 고양하는 문화를 만들어갔습니다.[55)]

오늘날 우리가 엔터테인먼트로 분류하는 활동은 여러 가지가 있습니다. 첫째, 영화, TV 프로그램, 스트리밍 서비스 등 다양한 영상 매체가 있습니다. 둘째, 콘서트, 라이브 공연, 음반과 스트리밍, 뮤직비디오 등 음악 관련 활동이 있습니다. 셋째, 비디오 게임, 보드게임, e스포츠 등 다양한 게임이 있습니다. 넷째, 연극, 뮤지컬, 서커스, 마술 쇼, 코미디 등 공연 예술이 있습니다. 다섯째, 프로 스포츠 경기, 레크레이션 스포츠, 스포츠 엔터테인먼트 등 다양한 스포츠 활동이 있습니다. 여섯째, 소셜 미디어 콘텐츠, 팟캐스트, 가상 현실(VR)과 증강 현실(AR) 등 디지털 엔터테인먼트가 등장했습니다.

엔터테인먼트는 기술의 발전과 함께 끊임없이 진화하며, 새로운 형태와 경험을 제공하고 있습니다. 사람들은 이러한 다양한 활동을 통해 즐거움을 찾고, 사회적 관계를 강화하며, 새로운 세계를 탐험합니다. 특히 라디오와 TV와 같은 전자 매체가 대중 사회를 형성한 이후, 대중은 자신들의 가치, 관심사, 언어, 습관 등을 발전시켰습니다. 엔터테인먼트는 대중문화를 형성하고 표현하는 강력한 수단으로, 대중들은 이를 통해 자신의 관심과 욕구를 충족시키며, 문화적 정체성을 유지하고 있습니다.

하나님 나라의 엔터테인먼트

하나님 나라의 엔터테인먼트는 기쁨을 나누고 하나님의 즐거움에 참여하는 활동입니다. 인간은 자연에서 기쁨을 찾고 서로 기뻐하는 가운데, 하나님의 메시지를 받아들이며 기쁨의 공동체로 초대받습니다. 하나님 나라의 엔터테인먼트는 이러한 기쁨과 즐거움을 나누는 데 초점을 맞추며, 사람들이 하나님의 창조 세계와 그 안의 기쁨을 발견하도록 돕습니다.

하나님의 특별 은총과 일반 은총이 결합한 형태로, 성경에 나타난 엔터테인먼트의 원리들이 현재 사회의 엔터테인먼트 영역에 실현된다면 어떤 모습일까요?

기독교 엔터테인먼트의 가능성

하나님의 백성은 하나님의 구속의 은혜를 드러내는 거룩한 엔터테인먼트 활동을 통해 타락한 문화를 회복하고 변혁할 수 있습니다. 이들은 복음의 가치와 연결하여 콘텐츠를 재구성함으로써

---

55) 로드니 스타크/ 한바울 옮김, 『서구는 어떻게 역사의 승자가 되었는가』 (서울: IVP, 2022), 42-43.

복음적 관점에서 문화적 활동을 형성하고, 구속의 메시지를 타락한 문화 속에서 효과적으로 전달할 수 있습니다. 예를 들어, 복음의 진리를 담은 영화나 프로그램은 사람들이 하나님이 주시는 구속의 소망을 새롭게 경험하도록 돕는 중요한 수단이 될 수 있습니다.

하나님의 일반 은총 아래, 엔터테인먼트는 단순한 오락을 넘어서 공동체를 형성하고 이웃과 함께 하나님이 주시는 기쁨과 위로를 나누는 자리가 될 수 있습니다. 이를 통해 사람들의 삶에 긍정적인 영향을 미치며, 서로가 하나님의 은혜를 경험하게 하고, 삶에 기쁨과 희망을 주는 기회를 제공합니다. 또한, 사람들이 하나님과의 관계를 깊이 경험하고, 사랑과 지지를 나누는 공동체로 성장할 수 있도록 돕는 역할을 합니다. 결국, 하나님 나라의 엔터테인먼트는 사람들에게 하나님께서 주신 기쁨과 평화를 나누며, 그들을 더 깊은 신앙의 여정으로 인도하는 중요한 수단이 될 수 있습니다.

대니얼 스트레인지의 『복음과 문화 사이』

영국 오크힐신학교 교수 대니얼 스트레인지는 『복음과 문화 사이』(2019)에서 엔터테인먼트 영역에서 하나님 나라를 사는 방법을 논의합니다.[56] 그는 과잉 정보와 가짜 뉴스가 넘쳐나는 세상 속에서 그리스도인들이 문화를 분별하고 복음으로 해석하며 살아야 한다고 주장합니다. 현대 문화가 그리스도인의 신앙을 방해할 수 있지만, 복음을 전할 기회로 활용할 수도 있다고 말합니다.

스트레인지는 '서사적 상상력'이라는 개념을 소개합니다.

이는 사람들이 세상에서 의미를 찾고 이해하는 방식, 즉 이야기의 구조를 분석하는 방법입니다. 사람들은 세상의 현실과 사건을 이야기 형식으로 구성하며 그 이야기 속에 인간 존재의 의미와 목적을 담습니다. 그래서 우리는 문화적 텍스트인 영화, 책, 음악 등의 매체 안에 들어 있는 인간의 내면적 갈망을 읽어낼 수 있습니다.

그는 '전복적 성취'(subversive fulfillment)라는 선교학 개념을 가져옵니다. 그리스도인은 인간의 욕구와 갈망을 충족시켜 준다고 주장하는 거짓 우상들을 전복시키고, 예수 그리스도만이 진정으로 이를 충족시킬 수 있음을 보여줄 수 있다는 것입니다. 현대 사회에서 물질주의, 성적 자유, 개인주의 등은 인간이 충족하려는 욕망을 충족시킬 수 있는 것으로 보이지만, 실상 이러한 우상들은 인간에게 궁극적인 만족을 제공하지 못합니다. 오직 예수 그리스도만이 이러한 인간의 본질적 갈망을 채워줄 수 있다고 강조합니다.

스트레인지는 그리스도인들이 문화를 단순히 소비하는 것에서 멈추지 않고, 적극적으로 문화를 창출하고 복음적 관점에서 세상을 검토하고 변혁해야 한다고 주장합니다. 그는 우리가 일상적으로 접하는 문화적 산물들을 복음의 렌즈로 비판적으로 분석하고, 그 안에 담긴 거짓 우상들을 폭로하며, 진정한 복음적 의미를 세상에 전할 방법을 제시합니다. 이를 위해 그는 네 단계의 작업을 제

---

56) 대니얼 스트레인지/ 정성묵 옮김, 『복음과 문화 사이』(서울: 두란노, 2020), 147-173. 2019년 Plugged In: Connecting Your Faith with What You Watch, Read, and Play라는 제목으로 출판되었다.

안합니다.

1단계는 '들어가기'입니다. 세상으로 들어가 이야기에 귀를 기울이고, 문화적 텍스트를 분석하여 그 안의 가치와 메시지를 이해하는 것입니다. 이 텍스트가 무엇을 말하는지, 누가 썼는지, 누가 읽는지, 이 텍스트대로 세상이 어떻게 될지를 분석하며, 문화적 텍스트에서 세계관을 알아보는 질문을 던집니다.

2단계는 '탐색'입니다. 콘텐츠가 전달하는 가치와 우상을 분별하고 그 기본적인 갈망을 분석합니다. 좋은 면과 우상들을 함께 찾고, 엔터테인먼트에서 나타나는 인간의 본성과 욕망이 어떻게 복음과 연결될 수 있는지 탐색합니다. 문화의 이야기 속에서 우상들을 분별하는 과정입니다. 그는 이를 위해 문화적 산물이 마음 속 예배 대상을 어떻게 드러내는지, 우상들이 어떻게 진실에 기생하는지에 대해 고민하라고 제안합니다.

3단계는 '드러내기'입니다. 콘텐츠가 담고 있는 허상이나 왜곡된 메시지를 드러내고, 그것이 어떻게 진리를 왜곡하는지 설명합니다. 그는 사람들이 세상의 텍스트가 전하는 문화적 이야기에서 멈춰서 생각하게 해야 한다고 주장하며, 문화적 산물이 약속한 것을 주지 못함을 깨닫게 해야 한다고 말합니다.

4단계는 '복음 전하기'입니다. 복음의 관점에서 콘텐츠를 재구성하고, 그리스도의 메시지를 제시하는 것입니다. 타락한 문화 속에서도 복음의 진리를 드러내며 사람들을 구속의 메시지로 이끌어가는 것입니다. 그는 예수 그리스도를 소개하고, 복음이 세상의 모든 부분에 대해 말하고 있음을 알려야 한다고 강조합니다.

스트레인지는 엔터테인먼트 문화의 선한 측면을 인정하고, 타락한 부분을 비판적으로 분석하며, 복음의 시각으로 더 나은 엔터테인먼트 문화를 재구성할 수 있다고 말합니다. 이를 통해 하나님 나라의 백성들은 이 땅의 선한 문화를 즐기고 하늘을 닮은 거룩한 문화까지 만들어 하늘의 영원한 기쁨을 미리미리 누릴 수 있습니다.

6. 가정

성경의 관점에서 본 가정

가정은 우리가 매일 함께 생활하고 함께 사는 중요한 공간입니다. 아리스토텔레스는 『정치학』에서 가정을 인간 사회의 가장 기본적인 단위라고 말하며, 가정이 국가의 기초이며, 가족 내에서 이루어지는 관계들이 인간의 사회적, 정치적 삶의 토대를 형성한다고 주장했습니다. 그렇다면 성경은 가정을 어떻게 보고 있을까요?

성경에서 가정은 하나님께서 창조하신 중요한 공동체로, 남자와 여자가 하나님의 형상을 따라 서로 돕고 사랑하며 생육하고 번성하도록 부름받은 공간입니다. 창세기 2장에서는 하나님이 에덴동산에서 가정과 결혼을 창조하시며, 가정을 인간 삶의 기초로 설정하셨습니다. 그러나 타락으로 인해 가정 내 관계들은 왜곡되었고, 부부 관계와 부모-자녀 관계는 갈등과 어려움을 겪게 되었습니다. 그럼에도 불구하고 하나님은 일반 은총을 통해 가정의 구조를 보호하시며, 인간이 가정 내에서 양육 받고 사회적 존재로 성장할 수 있도록 하셨습니다. 또한, 하나님은 특별 은총을 통해 가정을 회복시키셨고, 그것을 하나님 나라의 일차적 공동체로 세우셨습니다. 가정은 하나님의 사랑을 실천하고, 신앙을 전달하는 중요한 터전으로서, 하나님 나라의 가치를 전달하는 기본적인 장으로 이해될 수 있습니다.

구약 성경의 가정의 원리

하나님은 아브라함을 부르실 때 그의 가족을 함께 부르셨고, 이 가정은 하나님의 약속의 중심이 되었습니다(창 12:5). 출애굽 때도 하나님은 이스라엘 전체를 가족 단위로 구속하셨습니다. 구약 성경에서 이스라엘 사회는 지파, 씨족, 가구(가문)로 구성되었습니다. 가구는 보통 '아비의 집'으로 불리며, 3-4대가 함께 사는 확대 가족 형태였습니다.[57]

하나님은 가족을 보호하기 위해 가정 내에서 정당한 성적 관계를 엄격히 규정하셨습니다. 특히 가까운 가족 간의 성적 관계를 금지하셨습니다(레 18, 20장). 그러나 하나님은 가족에 궁극적인 가치를 두지 않으셨습니다. 가족이 때로 우상 숭배로 이끌거나 악에 물들어 자신을 파괴할 위험이 있기 때문입니다.

역사 속의 가정의 발전: 대가족, 핵가족, 일인 가족

역사 속에서 가정은 하나님의 일반 은총으로 다양한 방식으로 발전해 왔습니다. 원시 사회에서 가족은 생존과 보호를 위한 기본 단위로 기능했습니다. 족장 시대에는 가족이 중요한 사회적 역할을 했고, 구성원 간의 상호 의존성이 높았습니다. 족장은 가족의 지도자로서 가정 내 질서와 보호를 책임졌습니다. 고대와 중세 봉건 시대의 가정은 경제적 중심지로서 농경과 수공업을 통해 자급자족하며 사회적, 경제적 기능을 수행했습니다.

근대 산업화 시대에는 가정의 구조와 역할이 큰 변화를 겪었습니다. 공장 노동과 도시 문명이 가정의 역할과 구조를 변화시켰습니다. 가정의 경제적 기능은 감소하고, 그 역할은 더욱 다양해졌습니다. 현대 사회에서 가정의 형태와 기능은 더욱 다양화되고 유연해졌습니다. 직장에서의 역할, 가족 구성원 간의 역할 분담, 디지털 기술의 발전 등이 가정의 생활 방식을 변화시켰습니다.

현대 가정은 다양한 형태로 구성되어 있습니다. 핵가족, 확대 가족, 동거 가족, 한부모 가족, 재혼 가족, 다문화 가족, 일인 가족 등 여러 유형이 존재합니다. 핵가족은 부모와 자녀로 구성된 전통적인 형태입니다. 확대 가족은 여러 세대가 함께 거주하며 밀접한 관계를 유지하는 형태입니다. 동거 가족은 결혼하지 않은 두 사람이 함께 생활하는 형태입니다. 한부모 가족은 한 부모와 자녀로 구성된 가족입니다. 재혼 가족은 한 번 이상 재혼한 부모가 자녀를 양육하는 형태입니다. 다문화 가족은 서로 다른 문화적 배경을 가진 부부와 자녀들로 구성된 가족입니다. 일인 가족은 단일 개인으

---

57) 크리스토퍼 라이트/ 김재영 옮김, 『현대를 위한 구약윤리』, 73, 470-472.

로 구성된 가족 형태입니다.

최근 일인 가족에 대한 논의가 많습니다. 혼자 사는 개인이나 싱글 가정을 의미하며, 결혼율 감소, 이혼율 증가, 직업적 이동 등의 이유로 일인 가족이 증가하고 있습니다. 결혼율 하락, 이혼율 증가, 직업적 이유로 인한 지역 이동 등 사회적 변화가 이러한 변화를 이끌고 있습니다. 일인 가족은 독립적이고 자유로운 개인 생활을 추구하는 사람들에게 적합한 선택일 수 있습니다. 그러나 사회적 연결이 부족할 수 있고, 고독감이나 사회적 지원의 결여 등의 문제가 발생할 수 있습니다.

하나님 나라의 가정

하나님 나라의 가정은 사랑과 헌신의 공동체로, 부모와 자녀가 함께 하나님을 섬기며 성장하는 공간입니다. 이러한 가정은 하나님을 중심으로 한 삶을 실천하는 훈련의 장소로, 자녀들은 하나님의 뜻을 배우고, 그 뜻에 따라 살아가는 능력을 기르게 됩니다. 이 과정에서 가정은 단순히 생계와 보호의 기능을 넘어서, 하나님의 구속적인 계획을 실현하는 중요한 역할을 하게 됩니다.

하나님의 특별 은총과 일반 은총이 결합된 형태로, 성경의 가정 원리가 현대 가정의 삶에 실현된다면 어떤 모습일까요? 그 모습은 각 가정이 하나님과의 관계를 강화하며, 서로를 사랑하고 섬기는 공동체로 변화될 것입니다. 가정 내에서 부모는 자녀들에게 하나님 말씀을 교육하고, 기도와 예배를 통해 하나님과의 친밀한 관계를 유지하도록 돕습니다. 또한, 가족 간의 사랑과 헌신이 중심이 되어, 자녀들은 하나님 나라의 가치와 원칙을 실천할 수 있는 능력을 키워나가게 될 것입니다.

이러한 하나님 나라의 가정은 사랑과 희생을 통해 세상의 타락한 문화에 대항하며, 하나님의 구속적인 은혜를 세상에 나타내는 역할을 합니다. 하나님 나라의 가정은 또한 세상의 다양한 가정에 대안적인 모델을 제시하고, 하나님의 사랑과 은혜를 실천하며 살아가는 공동체로서, 사회와 문화에 긍정적인 영향을 미칠 수 있습니다.

기독교 가정의 가능성

찰스 셀의 『가정 사역』

미국의 기독교 상담학자 찰스 셀은 『가정 사역』(1981)에서 기독교적 가정의 중요성과 형태, 본질을 탐구했습니다.[58] 하나님 나라의 가정은 단순한 사회적 구조나 전통적인 형태에 그치지 않고, 하나님의 창조적 목적과 구속적 계획의 중요한 부분으로서 기능합니다. 성경에 따르면, 가정은 하나님이 창조하신 제도이며, 이는 하나님 나라의 중요한 기초입니다. 가정은 하나님의 창조 질서에 뿌리를 두고 있으며, 구속적 계획 안에서 특별한 역할을 담당합니다. 성경은 가정을 사회적 단위로만 이해하는 것이 아니라, 하나님의 구속 계획에서 중요한 위치를 차지하는 제도로 보고 있습니

---

58) 찰스 셀/ 정동섭 옮김, 『가정 사역』 개정판(서울: 생명의 말씀사, 1997). 1981년 Family Ministry라는 제목으로 출판되었고, 1995년 2판이 나왔다.

다. 성경에서 가정의 기본 형태는 일부일처제 핵가족이며, 그 근본은 부부의 연합으로 자녀 양육과 친족 관계를 형성하는 중요한 기능을 담당한다고 설명합니다(창 2:24, 마 19:8).

헌신: 결혼과 가정의 기초

찰스 셀은 가정의 기초를 헌신으로 봅니다. 결혼은 단순히 법적 계약이 아니라 언약으로, 부부가 서로에게 헌신하고, 자녀에게도 헌신하며 가정을 세워 나가는 신성한 과정입니다. 헌신은 결혼과 가정의 본질로, 서로를 붙여 주는 접착제 역할을 합니다. 결혼은 부부 간의 관계뿐만 아니라, 하나님과의 언약 안에서 실현되는 신성한 헌신입니다. 하나님은 연합의 증인으로서 부부를 짝지어 주시며, 그들 각자는 하나님과의 관계 속에서 서로를 사랑하고 존중하는 헌신을 요구받습니다(마 19:6).

가정의 의무

가정은 재정적 부양, 자녀 양육, 사회화, 생식 기능 등 다양한 외적 의무들을 가지고 있습니다. 이러한 의무는 크게 두 가지로 나눌 수 있습니다: 수단적 의무와 표현적 의무입니다. 수단적 의무는 재정적 책임, 자녀 양육, 사회화, 생식 기능 등 과업 지향적인 문제들을 포함합니다. 표현적 의무는 가정 구성원 간의 친밀감과 정서적 유대와 관련이 있습니다. 특히, 가정 내에서 친밀한 관계는 단순한 감정적 연대에 그치지 않고, 부부 간의 동반자 관계를 강화하며, 가정의 신학적 의미를 실현하는 중요한 요소로 작용합니다.

자녀 양육은 부모의 중요한 헌신 중 하나입니다. 성경은 부모에게 자녀를 훈련하고 가르치라고 명령합니다(신 6:7, 엡 6:4). 부모의 사랑은 단순한 감정적 유대에 그치지 않고, 자녀의 신앙적 성장과 성숙을 위한 적극적인 훈육과 교육을 포함합니다. 자녀는 부모에게 순종하고, 부모를 공경하며, 부모의 가르침을 따르는 것이 성경의 가르침입니다. 이는 부모와 자녀 간의 관계가 단순한 혈연적 관계를 넘어서, 신앙 공동체로서 중요한 역할을 한다는 의미입니다.

친밀감: 결혼과 가정에서의 깊은 관계

성경은 결혼을 통해 부부가 하나가 되어 정서적, 감각적 사랑을 통해 친밀한 관계를 형성하라고 가르칩니다(창 2:24-25). 결혼 생활에서 친밀감은 부부 간의 깊은 관계를 의미하며, 이는 단순한 육체적 결합을 넘어서 영적, 감정적으로 하나가 되는 경험을 포함합니다. 부부 간의 깊은 신뢰와 개방성은 친밀감을 낳고, 이를 통해 부부는 하나님께서 창조하신 대로 서로를 온전히 내어주는 관계를 실현합니다. 이러한 친밀감은 부부가 서로의 내적 생각과 감정을 나누고, 영적, 육체적으로 하나가 되는 과정에서 나타납니다.

역할 보완: 부부의 상호 보완적 관계

성경은 결혼을 남성과 여성의 보완적 관계로 봅니다. 창세기 2장 23절에서 아담은 "내 뼈 중의 뼈요 살 중의 살"이라고 말하며, 자신과 이브가 다른 존재이지만 하나의 본질을 공유하고 있음을 인식합니다. 부부는 각자 다른 역할을 통해 서로를 보완하며, 성적으로 연합할 때 그 차이가 더욱 의미를 갖습니다. 결혼 생활의 다양한 측면에서 나타나는 상호 의존적이고 상호 보완적인 역할을 통해 가정이 완성됩니다. 남성과 여성은 서로의 차이를 인정하고, 이 차이를 통해 서로를 보완하며, 가정을 더욱 풍성하게 만들어 갑니다.

힘 실어주기(역량 강화): 가정에서의 성장

가정은 각 구성원의 능력을 강화하고, 서로의 독특성을 존중하며, 상이점을 긍정적으로 활용하는 공동체입니다. 개인이 자신의 능력과 잠재력을 발견하도록 격려할 때, 그들의 능력은 더욱 강화됩니다. 이 과정에서 중요한 것은 서로의 독특성을 수용하는 것입니다. 부부는 자신의 모든 것을 서로에게 내어놓으며, 자녀는 자신의 독특성을 존중받고 격려받아야 합니다. 서로의 상이점을 경쟁의 기초로 삼지 않고, 상이점을 긍정적으로 활용하는 법을 배워야 합니다. 사랑 안에서 지배하거나 조종하지 않으며, 서로가 행복감을 누릴 수 있도록 서로를 역량 강화하는 것이 하나님 나라의 가정에서 실현되는 모습입니다.

하나님 나라에서 가정은 항상 교회와 밀접한 관계를 맺고 있습니다. 가정과 교회는 그리스도의 구속 역사에 참여하는 두 가지 중요한 기관입니다. 가정과 교회는 상호 보완적이며 협력 관계를 유지해야 합니다. 둘 다 그리스도의 통치 아래 있으며, 가정이 하나님 나라에 헌신하는 것을 방해하지 않고, 영적 추구를 위해 부부 간의 책임을 무시하지 않아야 합니다. 그리스도인들은 가정과 교회를 통해 하나님의 나라를 구현하는 역할을 담당해야 합니다. 가정은 교회와 경쟁하는 것이 아니라, 오히려 서로를 보완하며 하나님 나라의 완성을 위한 공동체의 역할을 담당합니다. 이제 교회에 대해 생각해 볼 차례가 되었습니다.

7. 종교와 교회

종교란 무엇일까요? 종교의 본질은 인간이 존재의 의미를 찾고, 우주와 삶에 대한 근본적인 질문에 답하려는 시도입니다. 종교는 신성한 것에 대한 믿음, 윤리적 가르침, 의식 등을 포함하고 있습니다. 종교는 어떤 기능을 할까요? 종교는 삶에서 경험하는 고통, 상실, 불확실성에 대한 위안을 제공합니다. 또한 사회적으로 공동체 의식을 형성하고, 사람들 간의 연대감을 강화합니다. 도덕적으로 올바른 행동에 대한 기준을 제시하여 사회 질서를 유지하도록 돕습니다. 철학적으로는 세상과 인간 존재에 대한 이해를 돕고, 삶의 목적을 제시하는 세계관의 역할을 합니다.

세계에는 어떤 종교가 있을까요? 종교는 여러 가지 형태로 존재합니다. 유일신 종교로는 기독교, 이슬람교, 유대교가 있으며, 다신교 종교로는 힌두교가 있습니다. 또한 무신론적인 종교로는 불교가 있습니다. 세속적 종교도 존재하는데, 마르크스주의나 세속주의와 같은 이념이나 이데올로기가 그 예입니다. 각 종교는 고유의 교리, 의식, 상징 체계를 가지고 있으며, 역사적이고 문화적인 맥락에 따라 다양하게 발전했습니다.

기독교에서 종교는 일반 은총과 마귀의 역사가 동시에 작용하는 영역입니다. 사탄은 인간을 우상 숭배로 이끌어 종교를 만들게 했으나, 하나님은 이를 통해 인류를 보존하는 수단으로 사용하기도 하셨습니다. 안점식은 크리스토퍼 라이트와 헤롤드 네틀랜드와 같은 복음주의 학자들의 견해를 따라, 종교를 일반 계시에 대한 반응, 인간의 죄성과 반역성, 사탄의 역사와 영향력이라는 세 가지 요소가 얽힌 것으로 설명하였습니다.[59]

종교의 산에서 교회는 어떤 역할을 수행해야 할까요? 교회는 종교의 산에서 종교를 상대해야 하지만, 동시에 정치, 경제, 교육, 미디어, 예술, 엔터테인먼트, 가정 등 다른 분야에서도 제자들을 파송하여 이 땅 위에 하나님의 나라를 건설하는 사명을 감당해야 합니다. 이를 위해 교회는 제자들이 각 분야에서 하나님 나라를 실현할 수 있도록 훈련시키는 역할을 합니다.

성경의 관점에서 본 교회

교회는 창조의 관점에서 처음부터 존재하지 않았습니다. 인류가 타락한 후, 하나님은 일반 은총을 베푸셔서 가인의 자손을 보호하시고, 셋의 자손을 통해 인류를 이어가셨습니다. 이후 하나님은 이스라엘 민족에게 특별 은총을 베푸시며, 이스라엘을 애굽에서 구속하시고 그들을 하나님의 백성으로 삼으셨습니다. 또한 하나님은 이스라엘을 열방의 제사장 나라로 세워, 열방을 하나님께로 인도하려 하셨습니다.

그러나 이스라엘이 그 사명을 온전히 이루지 못하자, 하나님은 자신의 아들 예수 그리스도를 보내셔서 인류를 구속하셨습니다. 예수 그리스도는 하나님의 언약을 성취하시고, 성령을 부으셔서 드디어 교회를 세우셨습니다. 예수는 교회에 열방을 회복하는 선교의 사명을 맡기시며, "나보다 더 큰 일도 하리라"(요 14:12)고 말씀하셨습니다. 이를 통해 교회는 열방을 구속하는 사역에 참여하게 되었습니다.

그러나 종말의 때가 오면 교회는 더 이상 존재하지 않게 될 것입니다. 하나님을 거부한 자들은 음부로 떨어지며, 새 하늘과 새 땅에서는 오직 하나님의 백성만이 남게 될 것입니다.

신약 성경의 교회의 원리

신약 성경은 교회에 대해서 뭐라고 말하고 있을까요? 교회를 설명할 '개념의 틀'이 있을까요? 크레이그 밴 겔더가 교회를 이해하는 준거 틀을 제공해 주었습니다. 그는 교회의 삶은 교회의 본성과 사역과 조직이라는 세 가지 양태를 갖고 있다고 설명합니다. 첫째, 교회의 본성은 교회는 무엇인가를 질문합니다. 교회의 존재(being)와 정체성에 대한 것입니다. 둘째, 교회의 사역은 교회는

---

59) 안점식, 「세계관 종교 문화」 (서울: 죠이선교회, 2008), 69.

무엇을 하는가를 묻습니다. 교회의 행함(doing)과 사명(목적)을 다룹니다. 셋째, 교회의 조직은 교회는 자신의 본성과 사명을 이루기 위해 어떻게 자신의 사역을 구성하는가를 질문합니다. 교회의 구조와 제도에 대한 문제입니다.[60]

역사적으로 교회는 어떻게 시작되었나요? 교회는 예수 그리스도의 하나님 나라 사역으로 시작되었습니다. 예수 그리스도는 하나님 나라를 선포하셨습니다. 미래의 하나님 나라와 현재의 하나님 나라를 모두 선포했습니다. 귀신을 쫓아내시며 병을 고치며 하나님 나라를 드러내셨습니다. 예수 그리스도는 십자가, 부활, 승천 후 하나님 보좌 우편에 앉으셨습니다. 오순절에 성령을 부으시고 교회 공동체를 만드셨습니다. 성령의 역사로 탄생한 교회는 성령의 바람을 타고 예루살렘, 사마리아, 안디옥, 소아시아, 그리스, 로마 등 지중해 세계로 퍼졌습니다.

막 탄생한 교회는 어떤 모습이었을까요? 초대 교회는 50명 이내의 공동체가 가정 교회와 셋집 교회 형태로 모였을 것으로 추정됩니다. 초대 교회의 모습을 상상하는 데 박영호가 도움을 주었습니다. 박영호는 경제적으로 상호의존하는 자발적 조합 모델과 유력한 가부장에게 의존하는 가정형 모델이라는 두 가지 모델이 있었다고 추정했습니다. 첫째, 데살로니가와 빌립보 같은 마케도니아 교회는 길드 같은 자발적 조합의 방식으로 운영되었을 것으로 추정됩니다. 둘째, 고린도 교회는 몇몇 유력한 가정집에서 가부장적으로 운영된 것 같습니다.[61]

초대 교회는 공동체로 모여 예배, 양육, 상호 권면 등을 실천했습니다. 예수 그리스도의 길을 따르는 제자가 되기 위해 새로운 삶의 규범을 창조했습니다. 유대인과 이방인, 남자와 여자, 노예와 주인이 사랑 안에서 하나가 되었습니다. 나눔을 열심히 실천했습니다. 공동 재산을 확립하고 자원을 공유했습니다. 교인들 사이에 분쟁이 생겨도 세상 법정에 가지 않고 스스로 해결했습니다. 역사상 전례 없는 새로운 공동체가 탄생했습니다.[62] 로마 제국 안에서 새로운 삶을 사는 대안 공동체가 나타난 것입니다.

신약 성경은 교회의 본성과 사명과 조직을 어떻게 보았을까요? 첫째, 교회의 본성에 대해 살펴보겠습니다. 신약 성경은 교회를 '그리스도인 공동체'(Christian community)라고 보고 있습니다. 신약 성경의 모든 교회론적 이미지와 개념이 그리스도와 신자의 관계와 신자들 상호 간의 관계를 가리키고 있습니다.

둘째, 신약 성경은 교회의 사명을 어떻게 이해하고 있을까요? 신약 성경은 교회는 예수 그리스도가 주님이 하시던 사역을 수행하기 위해 만드셨다고 합니다. 하나님이 아들을 세상에 파송하셨듯이 예수 그리스도는 제자들을 세상에 파송하셨습니다(요 20:21). 성령을 받은 교회는 예수 그리스도 안에서 하나님 나라를 선포하며 하나님의 선교를 수행했습니다. 예수 그리스도가 말씀을 가르치고 복음을 선포하고 병자를 고치셨듯이, 교회도 복음을 선

---

60) 크레이그 밴 겔더/ 최동규 옮김, 『교회의 본질』 (서울: CLC, 2000/2015), 61.
61) 박영호, 『에클레시아: 에클레시아에 담긴 시민공동체의 유산과 바울의 비전』 (서울: 새물결플러스, 2018), 295-339, 393.
62) 대럴 구더 편/ 정승현 옮김, 『선교적 교회: 북미 교회의 파송을 위한 비전』 (인천: 주안대학원대학교출판부, 2013), 326.

포하고 교인을 가르쳐 세우고 사람을 섬겼습니다.

셋째, 신약 성경은 교회 조직에 대해 어떻게 말하고 있을까요? 신약 시대 교회는 어떤 교회 형태를 보이고 있었을까요? 예루살렘 교회는 12사도를 중심으로 유대교의 한 분파로 존재하며 성전 예배에 참여하기도 하였으나 주로 가정에서 모였습니다(행 2). 이방인 교회는 장로의 집을 중심으로 가정 교회 형태로 발전했습니다. 로마서 16장에 이름이 나오는 이들 중 몇 명은 가정 교회 지도자일 것입니다. 마케도니아 지역같이 단독 주택을 제공할 유력자가 없는 곳에서는 셋집 교회 형태를 취했을 것으로 추정됩니다.

리더십과 관련하여, 신약 성경은 사도의 특사들이 파송되고, 장로와 감독이 선출되고, 공동체 지도자의 자격이 기록되는 모습을 보여 주고 있습니다. 성령은 교회 공동체를 세우기 위해 성도들에게 다양한 은사를 주었습니다. 성령은 일부 지체에 리더십의 은사도 주었습니다. 리더십의 은사는 모든 성도가 그리스도의 몸을 세우는 일에 참여하도록 지도하고 다스리는 은사입니다. 이 리더십의 은사가 바로 교회의 직분(office)입니다. 성령의 은사를 따라 말씀의 다양한 사역뿐만 아니라 환대, 행정, 자선, 사도적(선교적) 리더십이 모습을 드러냈습니다.

신약 성경에서 교회의 본성은 그리스도인 공동체이고, 교회의 사명은 예수 그리스도의 사역을 계속 수행하는 것이고, 교회의 조직은 공동체 회중과 리더십 직분과 보편 교회 네트워크로 구성되어 있다고 요약할 수 있겠습니다. 초기 교회부터 현대 교회까지의 역사를 간략히 설명해 보겠습니다.

역사 속 교회의 발전: 초기 교회, 고대 교회, 중세 교회, 근대 교회, 현대 교회

예루살렘 성전이 파괴된 후, 초기 교회(70-313년)는 로마 제국 전역에 복음을 전파했습니다. 교회는 로마의 박해에도 불구하고 성장했으며, 사도들의 후계자들은 복음을 '사도 신경'으로 고백하고, '신약 성경'을 정경화하며, 감독(주교)의 리더십을 통해 보편 교회를 조직했습니다. 이 과정에서 모든 계층이 교회에 참여하게 되었고, 이를 통해 '아래로부터의 선교'가 이루어졌습니다.

콘스탄티누스 황제가 기독교를 공인하면서 고대 교회(313-590년)는 로마 제국 내에서 번성하기 시작했습니다. 교회는 동방 정교회와 로마 가톨릭교회로 분리되었으며, 공의회를 통해 삼위일체론과 기독론을 확립했습니다. 그러나 교회는 점차 정치적 권력과 결합하며 세속화되었고, 황제 숭배와 성직자의 권위가 강화되었으며, 제국의 조직 구조와 유사한 교회 조직이 형성되었습니다.

중세 교회(590-1500년)는 북방 게르만족을 선교하며 기독교 세계를 확장했습니다. 교회는 점차 권력을 행사하는 조직으로 변모하였고, 교황 중심의 성직 위계질서가 강화되었습니다. 그럼에도 중세 교회는 게르만족에게 복음을 전파하여 유럽 문명의 탄생에 기여하고, 민주주의와 자본주의의 기초를 마련하는 데 중요한 역할을 했습니다.

1517년 서구에서 종교개혁이 일어나면서 개신교회가 출범했습니다. 30년 종교전쟁이 끝난 후(1648), 세속적인 민족 국가들이 등장했습니다. 개신교회는 세속화된 사회 속에서도 민주주의와 자본주의의 발전에 기여하며, 세계화된 기독교 문명을 형성해 갔습니다. 복음주의 교회는 18세기부터 부흥 운동과 선교 운동을 일으켜 전 세계로 복음을 전파했습니다.

20세기에 접어들며 서구 교회는 세속화로 인해 쇠퇴했지만, 아시아와 아프리카 등 비서구 지역의 교회들은 급성장했습니다. 오순절 운동과 성령의 역사가 강조되면서, 남반구의 기독교 인구가 북반구를 초과하였고, 세계 기독교 시대가 열렸습니다. 현대 교회는 다양한 형태로 발전하며, 세계 각지에서 복음을 전파하고 있습니다. 오대양 육대주의 교회들은 지속적으로 복음을 증거하고, 사회를 변화시키며 세상에 하나님의 나라를 드러내고 있습니다.

하나님 나라의 교회

하나님 나라의 교회는 성도들이 예배와 양육을 통해 하나님의 뜻을 배우고, 교회 밖에서 세상에 하나님의 나라를 증거하고 실천하는 공동체입니다. 교회는 성도들이 하나님 나라의 삶을 실천하는 능력을 기르고, 그들이 세상에 하나님의 축복을 전달하는 사역자로서 활동하는 장소입니다. 교회는 복음의 증거자로서 세상에 하나님의 나라를 확립해 나갑니다. 하나님의 특별 은총과 일반 은총이 결합한 형태로, 성경에 나타난 교회 원리가 현대 세속 사회에서 실현된다면, 그것은 세상과 교회가 상호작용을 하며, 하나님의 뜻을 이루기 위한 역할을 함께 수행하는 모습일 것입니다. 교회는 세상 속에서 하나님 나라를 확장해 나가는 중심이 되며, 그 복음의 메시지는 사람들의 삶 속에서 구체적으로 실천되고 나타날 것입니다.

세계 기독교 교회의 가능성

1980년대에 접어들면서 남반구 중심의 '세계 기독교'(World Christianity) 시대가 열렸습니다. 21세기 디지털 시대에 세계화는 더욱 확대되어 삶의 전 영역으로 확장되었습니다. 세계화 시대에 교회도 세계화되었으며, 기독교를 대적하는 세속 국가들이 등장하고 있습니다. 신앙의 자유와 양심의 자유를 억압하는 전체주의적 감시 체제가 나타나고 있는 현실 속에서도, 전 세계의 교회는 각자의 상황에 맞게 천국 복음을 전하고 있으며, 이 땅에 하나님 나라를 세우고 예수 그리스도의 재림을 준비하고 있습니다.

교회는 하나님이 창조하신 모든 영역을 선교하는 '아래로의 선교'를 수행하고 있습니다. "물이 바다를 덮음 같이 여호와의 영광을 인정하는 것이 세상에 가득할 것"을 바라보며(합 2:14), 교회는 섬기는 왕으로서 왕 노릇을 하는 훈련을 계속하고 있습니다. 현대 교회는 조직 교회가 더욱 다변화되고, 영적 교회가 놀랍도록 회복되고 있습니다. 과거의 조직 교회 구조와 새로 부상하는 사도적 네트워크들이 각자의 사명을 수행하며, 예수 그리스도가 원래 의도하신 영광스러운 모습을 회복해 가고 있습니다.

선교적 교회

현대 사회는 배타적 인본주의를 주장하는 세속 사회로 변모하면서, 교회는 복음을 전하는 방식에 대해 새로운 접근이 필요하게 되었습니다. 이러한 시대 속에서 교회는 어떻게 선교할 수 있을까요? 선교적 교회는 세상 속에서 하나님 나라를 확장하고, 예수 그리스도의 복음을 어떻게 증거할 수 있을까요? 최근 '미셔널 처치'(missional church)와 '선교적 교회'에 대한 논의가 활발히 이루어지고 있으며, 탈기독교 사회의 도전에 직면하여 선교적 교회의 중요성을 강조하는 목소리가 커지고 있습니다.

선교적 교회란 무엇일까요? 선교적 교회 운동은 북미 GOCN(Gospel and Our Culture Network) 모임에서 시작되었습니다. 이들은 레슬리 뉴비긴(1909-1998)의 사상을 따르고 있습니다. 뉴비긴은 1936년부터 1974년까지 인도에서 선교 활동을 했고, 영국으로 돌아온 후 서구 사회가 이교도적 문명으로 변한 것을 목격했습니다. 그는 서구 사회를 복음의 빛에 비추며 서구를 위한 선교 전략을 구상하고, 서구 교회가 얼마나 큰 위기에 처해 있는지 경고했습니다. 뉴비긴의 사상은 서구 문명이 복음의 요구에 부응하지 못하고 있다는 인식에서 출발하며, 교회가 복음적 비전으로 세상과 소통해야 한다고 강조합니다.

선교적 교회 담론은 '하나님의 선교'(Missio Dei) 개념에서 출발합니다. 하나님의 선교는 선교의 주체가 인간이 아니라 하나님이라는 주장으로, 1932년 브란덴부르크 선교 대회에서 칼 바르트에 의해 처음 제안되었습니다. 이 개념에 따르면, 선교는 교회나 그리스도인의 속성이 아니라 하나님의 속성입니다. 하나님이 최초의 선교사이며, 삼위일체 하나님이 아들과 성령을 세상에 보내고, 교회를 세상에 보내셔서 하나님의 나라 임무를 수행하게 하셨다고 설명합니다. 교회는 하나님 선교의 증인으로서, 하나님의 통치를 이 땅에 실현하는 대사로서 역할을 감당해야 한다는 것입니다.

북미 GOCN의 선교적 교회 운동의 하나로 1998년 『선교적 교회』라는 책이 출판되었습니다. 이 책은 북미 교회가 탈기독교 사회에서 개인주의와 소비주의에 갇혀 있다는 진단을 내리고, 교회가 복음과 대면하는 선교적 비전을 통해 이 문제를 극복해야 한다고 주장했습니다. 교회는 북미 사회에서 하나님의 통치를 드러내는 대조 공동체로서 살아가야 한다고 강조하며, 복음의 진리와 세상의 현실이 충돌하는 지점에서 새로운 선교적 접근이 필요함을 지적합니다.

앨런 허쉬의 『잊혀진 교회의 길』

복음주의 선교적 교회 운동가 앨런 허쉬를 소개합니다. 그는 『잊혀진 교회의 길』(2006)에서 선교적 교회가 단순한 교회 모델이 아니라 하나의 운동으로서 존재해야 한다고 주장합니다.[63] 그는 교회가 정치적 권력과 문화적 지배에 연합한 '크리스텐덤' 모델을 비판하고, 세계가 후기 현대주의, 비기독교화, 탈 기독교 세계, 개인주의, 소비주의적 민주주의 등으로 변모한 상황의 변화를 설명합니다. 이런 상황에서 그는 기존의 패러다임에서 벗어나 예수 중심의 선교적 운동으로 나아가야 할 때가 되었다고 말합니다.

---

63) 앨런 허쉬/ 오찬규 옮김, 『잊혀진 교회의 길』(서울: 아르카, 2023), 152-414. 2006년 The Forgotten Ways: Reactivating the Missional Church라는 제목으로 출판되었고, 2016년 개정판이 나왔다.

그는 선교적 교회 운동이 예수 그리스도가 세우시고 사명을 부여하신 교회로 회복되는 과정이라고 말합니다. 초대 교회를 깊이 연구한 후, 예수 운동에서 '사도적 특성'과 '운동 DNA'(mDNA)를 발견했다고 합니다. 그는 이 같은 요소들이 요한 웨슬리의 감리교 운동, 20세기 중국 지하 교회 운동, 은사주의 운동에서도 나타난다는 점을 강조합니다. 사도적 특성은 교회가 단순히 내부적 성장을 추구하거나 자기 보존에 집중하는 것이 아니라, 복음의 메시지를 전하고 세상을 변혁하는 데 초점을 맞추는 역동적인 공동체임을 의미합니다. 운동 DNA는 예수 운동 안에 있는 여섯 가지 핵심 요소로, 예수의 주되심, 제자도, 선교적-성육신적 추진력, 경계성과 커뮤니타스, APEST(오중직) 문화, 유기체적 시스템이 그것입니다.

첫째, '예수는 주님이시다'(Jesus is Lord)는 예수가 최고의 권위자라는 고백입니다. 구약의 중심이 신명기 6:4-5절의 '쉐마 이스라엘'이라면, 신약의 중심은 '예수는 주와 구세주이다'입니다. 모든 위대한 기독교 운동의 중심에는 예수가 주님이시라는 메시지가 있으며, 이 단순한 고백만으로도 교회는 박해 속에서도 복음을 전파할 수 있습니다. 복잡한 교리나 전문적인 성직자가 없더라도, 복음 메시지는 빠르게 확산됩니다.

둘째, 제자 삼기(Disciple-making)는 예수의 가르침을 실천하며, 제자들이 예수의 메시지와 선교적 사명을 실행하는 과정입니다. 우리 시대 교회의 과제는 소비주의를 극복할 수 있는 제자를 만드는 것입니다. 제자가 나와야 리더가 나오고, 리더가 나와야 복음 운동이 일어납니다. 예수는 제자들을 부르자마자 선교와 사역에 참여시키셨고, 그들과 함께 길을 걸으며 행동을 통해 배우도록 하셨습니다. 행동 속에서 배우는 제자도는 멘토링을 통해 제자들이 성장하도록 돕는 과정입니다.

셋째, 선교적-성육신적 추진력(Missional-Incarnational Impulse)은 제자들을 세상으로 보내고 복음의 메시지가 문화 속으로 스며들어 문화를 섬기고 변혁하는 것입니다. 선교적 추진력은 교회가 세상으로 나가는 것이며, 성육신적 추진력은 복음의 메시지가 문화 안으로 스며들어 문화를 섬기고 변혁하는 것입니다. 교회는 세상 속으로 나가야 하며, 그 속에서 하나님의 나라를 실현해야 합니다.

넷째, 경계성과 커뮤니타스(liminality & communitas)는 변화와 혼란 속에서 경험하는 위기와 연대감입니다. 경계성은 변천 과정에서 겪는 극단적인 상황을 의미하며, 커뮤니타스는 그러한 상황에서 경험하는 공동체성을 의미합니다. 교회는 변화하는 세상 속에서 강한 공동체를 이루어야 하며, 사명과 위험을 공유하며 깊은 인격적 관계를 형성해야 합니다. 특히 중산층 교회가 선교적 교회로 변화하는 과정에서 필수적인 단계입니다.

다섯째, APEST 문화는 교회 리더십을 구성하는 오중직, 즉 사도(Apostolic), 선지자(Prophetic), 전도자(Evangelistic), 목자(Shepherding), 교사(Teaching)를 말합니다. 이 다섯 가지 직무는 교회가 복음을 확산하고 건강하게 성장하는 데 필수적입니다. 사도적 리더는 선교적 사명을 일으켜 복음을 확장시키고, 선지자는 하나님 말씀의 기준에 신실하지 못할 때 교정하며, 전도자는 외부로 복음을 전파하고, 목자는 공동체를 돌보고, 교사는 성도의 성숙과 이해를 돕습니다.

여섯째, 유기체적 시스템(Organic System)은 교회가 엄격한 제도가 아니라, 관계와 영향력으로 성장하는 체계임을 의미합니다. 사도적 선교 운동은 모든 부분이 긴밀히 연결된 시스템으로 작동하며, 네트워크 안에서 자율적으로 확장되며 교회는 살아있는 공동체로 기능합니다. 이는 관리하는 방식이 아니라, 관계와 영향력으로 이끌리며 스스로 번식하고 번성하는 형태입니다.

앨런 허쉬는 선교적 교회 운동이 예수 그리스도가 세우시고 사명을 부여하신 교회로 회복되는 과정이라고 설명하며, 선교적 교회는 단지 교회론의 이론적 모델이 아니라, 예수 중심의 기독교 신앙을 실천으로 옮기는 운동이어야 한다고 강조했습니다. 이를 통해 교회는 탈기독교 사회에서 복음을 증거하고 하나님 나라를 실현하는 선교적 사명을 수행할 수 있습니다. 허쉬는 이러한 사도적 선교적 교회가 운동으로서만 가능하다고 보았으며, 선교적 교회론은 이제 완성된 듯합니다. 실제 목회와 선교 현장에서 선교적 교회가 열매를 맺는 모습을 보는 것은 매우 기쁜 일이 될 것입니다.

요약

첫째, 하나님 나라의 정치는 정치 지도자와 시민들이 하나님의 정의와 공의를 세우는 질서를 구축하기 위해 상호 협력하고 견제하는 정치입니다. 시민들은 문제 해결을 위한 시민 단체를 조직하고, 선거로 뽑은 정당과 정치 지도자와 비판적 협력 관계를 맺으며 자발적으로 정치에 참여합니다. 이로 인해 정치는 정의롭고 공정하며, 하나님의 뜻에 따라 사회가 운영됩니다.

둘째, 하나님 나라의 경제는 개인의 소유권을 존중하며, 사람들이 공정하게 상품과 서비스를 생산하고 거래하는 시스템입니다. 생산된 것에 대해 공정한 보상이 이루어지고, 경제적으로 어려운 이들에게 회복의 기회를 제공합니다. 이 경제 체제는 모든 사회 구성원이 함께 번영하는 환경을 만들어냅니다.

셋째, 하나님 나라의 교육은 학생들이 하나님과의 관계, 세상과의 관계, 인간 간의 관계에서 하나님의 다스림을 받으며 세상을 올바르게 다스릴 수 있는 능력을 기르는 과정입니다. 학생들은 하나님을 알고 세상의 법칙을 배우며, 사람들 간의 관계를 이해하고 서로 사랑하는 방법을 배웁니다.

넷째, 하나님 나라의 미디어는 하나님의 뜻을 세상에 전하고 소통하는 매체입니다. 미디어는 하나님 나라의 가치와 원리를 확산시키고, 하나님 나라 문화를 세상에 전파하는 역할을 하며, 이를 통해 세상과 소통하고 변화를 이끌어냅니다.

다섯째, 하나님 나라의 예술은 하나님의 창조 세계의 아름다움과 질서를 발견하고 그것을 표현하여 아름다운 세상을 창조하는 것입니다. 예술은 사회적 변화를 이끌어내고, 하나님의 창조 세계의 질서와 샬롬을 회복하는 데 중요한 역할을 합니다.

하나님 나라의 엔터테인먼트는 사람들이 기쁨을 나누고 하나님의 즐거움에 참여하는 것입니다. 인간은 자연에서 즐거움을 찾고 서로 기뻐하며, 이를 통해 사람들은 하나님의 메시지를 전달받고 기쁨의 공동체로 초대됩니다. 이 영역에서 하나님의 즐거움과 기쁨을 나누는 활동이 중심이 됩니다.

여섯째, 하나님 나라의 가정은 사랑과 헌신의 공동체입니다. 가정은 부모와 자녀가 함께 하나님을 섬기며, 사랑과 친밀감을 통해 성장하는 공간입니다. 가정 내에서 자녀들은 하나님 나라의 삶을 실천할 기초 능력을 기르며, 미래에 하나님 나라의 삶을 살아갈 준비를 합니다.

일곱째, 하나님 나라의 교회는 성도들이 예배와 양육을 통해 하나님의 뜻을 배우고, 교회 밖에서 세상에 하나님의 나라를 증거하고 실천하는 공동체입니다. 교회는 성도들이 하나님 나라의 삶을 실천하는 능력을 기르고, 그들이 세상에 하나님의 축복을 전달하는 사역자로서 활동하는 장소입니다. 교회는 복음의 증거자로서 세상에 하나님의 나라를 확립해 나갑니다.

각 영역에서 하나님 나라의 가치는 이러한 방식으로 구현되어, 세상 곳곳에서 하나님의 통치와 축복이 확산되고, 이를 통해 하나님 나라가 이 땅에 실현될 수 있습니다.

선데이 아델라자는 동유럽의 반(反)개신교적 환경 속에서 하나님 나라의 가치와 원리를 실천하며 교회 성장과 사회 개혁에서 부분적인 성공을 거두었습니다. 그러나 서구 신학자들은 다원주의적 세속 사회로 변모한 서구에서 하나님 나라의 가치와 원리를 실천하는 데 많은 어려움을 겪고 있습니다. 그럼에도 불구하고, 서구 사회에서 여러 영역을 선교하기 위해 기독교의 사회 참여 신학을 모색한 이들이 있습니다. 저는 이들에게서 일곱 산을 등정하기 위한 전략을 어느 정도 얻을 수 있었습니다.

8장

†

일곱산 등정의 길

1. 복권 추첨기의 비유

다원주의 세속 사회는 '복권(lottery) 추첨기'와 비슷하다고 생각해 보았습니다. 복권 추첨기는 무작위로 공을 선택하여 당첨 번호를 결정하는 장치로, 여러 공들이 서로 충돌하며 상호작용을 하는 모습이 특징입니다. 다원주의 세속 사회도 마찬가지로 여러 세계관을 가진 사람들이 서로 공존하고 상호작용을 하며 살아갑니다. 성경적 세계관을 가진 그리스도인도 세속주의 세계관을 가진 시민들과, 다양한 종교와 이데올로기를 가진 사람들과 함께 살아가고 있습니다.[64]

각자는 자신만의 세계관을 가지고 살아가며, 한 공간 안에서 여러 체계가 공존하고 경쟁하며 갈등을 겪습니다. 이들은 서로 다르다는 점을 인지하지만, 공통된 부분도 존재합니다. 때로는 같은 목표를 향해 가기도 하고, 때로는 다른 목표를 추구하기도 합니다. 어떤 이들은 목적지를 설정하고 그 방향으로 나아가며, 다른 이들은 목적지 없이 그저 나아갑니다. 그러나 어떤 체계가 옳고 그른지를 판단할 수 있는 절대적인 기준에 대한 합의는 존재하지 않습니다. 각자는 자기 세계관이 옳다고 믿으며, 함께 앞으로 나아갑니다.

복권 추첨기와 같은 다원주의 세속 사회에서 그리스도인은 하나님의 특별 은총과 일반 은총을 결합하여 살아갑니다. 다른 세계관을 가진 시민들이 하나님의 일반 은총을 인정하면, 어느 정도 평화가 있습니다. 그러면 일반 은총에 기초하여 공동선을 추구할 수 있기 때문입니다. 그러나 하나님의 일반 은총을 인정하지 않는 세계관을 가진 사람들이 많아지면, 그리스도인은 박해를 받고 조롱을 당할 위험이 커집니다.

팀 켈러의 『하나님을 말하다』와 『답이 되는 기독교』

복권 추첨기의 비유를 떠올리며 팀 켈러의 변증이 생각났습니다. 팀 켈러는 『하나님을 말하다』라는 변증서를 썼습니다.[65] 이

---

64) 복권 추첨기의 비유는 장동민 교수의 책에서 아이디어를 얻었다. 그는 공공의 영역을 3차원적인 크리스털 구들이 큰 원에 둘러싸인 공간으로 이해했다. 이 공간은 기독교, 세속주의, 다른 종교 및 이데올로기들이 각기 배타적인 사상 체계를 가지고 있지만, 공공 영역 내에서는 이들이 극단적으로 충돌하지 않고 규제된 공간 안에서 경합하는 구조라고 설명한다. 장동민, 『포스트크리스텐덤 시대의 한국 기독교』 (서울: 새물결플러스, 2019), 444.

65) 팀 켈러/ 최종훈 옮김, 『하나님을 말하다』 (서울: 두란노, 2017), 35-57.

책에서 그는 뉴욕 맨해튼에서 불신자들이 기독교를 믿기 어려워하는 이유를 들었습니다. 많은 회의주의자가 그에게 여러 가지 질문을 던졌고, 그 중 첫 번째 질문은 "그리스도인은 왜 배타적 진리를 주장하는가?"였습니다. 다른 종교들은 서로를 인정하는데, 왜 기독교만 배타적 진리를 주장하느냐는 질문입니다. 이는 자주 듣는 질문이지만, 여전히 답하기가 어렵습니다.

팀 켈러는 이렇게 대답했습니다. "모든 진리 주장은 사실 배타적 진리 주장이다. 모든 진리 주장에는 기본적으로 근본주의적 신앙이 전제되어 있다." 그러면서 이렇게 질문했습니다. "어떤 근본주의적 신앙이 다른 의견을 가진 이들의 눈에도 사랑스럽고 끌어안을 만한 인간들을 만들고 있는가?"

팀 켈러는 기독교가 바로 그러한 신앙이라고 말합니다. 성경을 믿는 그리스도인이라면 배타적 진리를 가지고 있어도 다른 신념을 가진 자들을 사랑할 수밖에 없습니다. 그들이 믿는 그리스도가 원수를 용서해 달라고 기도하며 죽어갔기 때문입니다. 그리스도인이라면, 이런 그리스도를 믿고 따르기 때문에 다른 신념을 가진 이들을 관용할 수밖에 없습니다. 기독교는 배타적 주장을 하면서도 모든 종교인에게 사랑을 베풀고 평화를 이룰 수 있다는 점에서 특별합니다.

팀 켈러는 또 다른 변증서인 『답이 되는 기독교』를 썼습니다.[66] 이 책은 포스트모던 세속 사회에서 기독교와 세속주의 중 어느 쪽의 설명이 더 설득력 있는지를 탐구하라고 도전합니다. 세속 사회가 삶의 의미, 만족, 자유, 정체성, 희망, 도덕적 나침반에 대한 답을 제시하고 있지만, 성경이 더 나은 설명을 제공한다고 주장합니다. 또한, 오늘날 종교가 여전히 번성하고 있는 이유는 기독교가 인간 실존에 대해 세속주의보다 더 깊고 완전한 설명을 제공하기 때문이라고 말합니다.

다원주의 세속 사회는 그리스도인에게 큰 위기입니다. 그러나 이런 위기 속에서도 깊은 사유를 한 서구 신학자들이 있습니다. 저는 리처드 마우, 제임스 스미스, 제임스 헌터, 올리버 오도노반, 앤디 크라우치에게서 많은 도움을 받았습니다.

2. 리처드 마우의 『문화와 일반 은총』

리처드 마우는 『문화와 일반 은총』(2001)에서 아브라함 카이퍼의 뒤를 이어 일반 은총이라는 주제를 발전시켰습니다. 그는 파편화와 상대주의로 가는 포스트모던 시대가 인류의 공통성을 거부하는 상황 속에서 성경에 나오는 인류의 공통성인 일반 은총을 더 강조할 필요가 있다고 말합니다.[67]

마우는 하나님께서 구원받지 않은 사람들에게도 공통적으로 은혜를 베풀고 계심을 강조합니다. 비록 인류 전체가 타락했지만, 하나님은 세상에서 도덕적, 창조적, 지적 활동을 통해 선을 이루고

---

66) 팀 켈러/ 윤종석 옮김, 『답이 되는 기독교』, (서울: 두란노, 2018), 10-17.
67) 리처드 마우/ 권혁민 옮김, 『문화와 일반 은총』 (서울: 새물결플러스, 2012), 17-24.

번영할 수 있도록 허락하셨습니다. 비기독교인들이 과학적 발견을 하고, 예술을 창조하며, 사회적으로 긍정적인 영향을 미치는 것 역시 하나님께서 하신 일이라는 것입니다. 마우는 세속적인 문화 속에서도 하나님의 흔적을 볼 수 있다고 설명하며, 그리스도인들이 이러한 선한 것들을 감사히 여기고, 그 안에서 하나님의 손길을 발견할 수 있어야 한다고 주장합니다.[68]

이와 같은 논의를 바탕으로 마우는 현대 다원주의 사회에서 그리스도인들이 비기독교인들과 함께 살아가야 한다고 강조합니다. 그는 그리스도인들이 복음이라는 궁극적 진리를 가지고 있지만, 세속 사회의 선한 것들을 수용하고, 그 안에서 하나님의 은혜를 인식하며 살아갈 수 있다고 주장합니다. 또한 마우는 그리스도인들이 세상 사람들과의 협력을 넘어, 정치, 예술, 학문 등 공공 영역에 적극적으로 참여해야 한다고 말합니다. 이는 하나님께서 그리스도인들이 이러한 영역에 참여하기를 원하시기 때문입니다. 마우는 이들 영역이 단순히 세속적인 영역이 아니라, 하나님께서 공통 은혜를 통해 일하시는 영역이라고 설명합니다. 그리스도인들은 공공 영역에서 자신의 믿음을 바탕으로 선을 추구하며, 하나님이 세상 속에서 이루시는 일에 동참해야 한다는 것이 그의 결론입니다.[69]

3. 제임스 스미스의 『왕을 기다리며』

제임스 스미스는 『왕을 기다리며』(2017)에 "공공 신학을 개혁하기"라는 부제를 붙여 출판했습니다.[70] 『왕을 기다리며』는 기독교 신앙이 정치적 영역에서 어떻게 실천될 수 있는지 깊이 고민한 책입니다. 스미스는 단순히 법과 제도를 바꾸는 것만으로는 충분하지 않다고 보며, 예배 중심적인 신앙 공동체를 형성해야 정치 문화를 변화시킬 수 있다고 주장합니다. 그는 국가가 이미 공적 예전 속에서 사람들의 정체성과 욕망을 형성하고 있다고 설명합니다.

스미스는 아우구스티누스에게서 정치적 지혜를 빌려옵니다. 아우구스티누스는 『하나님의 도성』에서 천상의 도성의 시민이 지상 도성의 전초 기지 안에서 이방인 거류민으로 살아가는 현실에 주목했습니다. 그는 천상의 도성의 시민이 지상의 법에 순종하는 이유를 지상의 도성 시민들과 죽을 수밖에 없는 인간의 조건을 공유하기 때문이라고 보았습니다. "이미 구속의 약속과 그 담보로서 성령을 받았지만, 지상 도성에 포로나 외국인같이 살고 있는 동안은 지상 도성의 법에 복종하는 것을 주저하지 않고 삽니다."[71] 아우구스티누스는 지상의 도성을 악마화하지 않으면서도, 이 도성이 완전한 정의를 실현할 수 없다는 현실을 강조합니다. 스

---

68) 앞의 책, 54-82.
69) 앞의 책, 138-155.
70) James K. A. Smith, *Awaiting the King: Reforming Public Theology*(Grand Rapids: Baker Academic, 2017). 제임스 스미스는 기독교 세계관에 대한 3부작으로 『하나님 나라를 욕망하라』 (2016), 『하나님 나라를 상상하라』 (2018), 『왕을 기다리며』 (2019)를 출판했다.
71) 아우구스티누스/ 조호연, 김종흡 옮김, 『하나님의 도성』. 19권 17장(고양: 크리스찬다이제스트사, 1998), 945.

미스는 이를 '거리를 둔 참여'('거룩한 양가성')의 태도로 해석합니다. 이는 하늘 도성에 속한 시민권을 가진 사람들이 지상 도성의 삶에 선택적으로 유연하게 참여하는 태도입니다.

스미스는 아우구스티누스의 『하나님의 도성』에서 네 가지 정치 참여의 원칙을 도출합니다. 첫째, 지상 도성의 무질서한 사랑도 피조물의 욕망을 나타내는 것임을 인정하라고 합니다. 예를 들어, 로마의 불의한 평화조차도 창조주가 주신 평화에 대한 욕망을 반영한다는 것입니다. 둘째, 지상 도성에 대해 비판할 때는 상황을 고려하라고 합니다. 덕에 가까운 것이라도 악덕보다는 낫다는 것입니다. 셋째, 궁극적 차이가 있는 곳에서도 준 궁극적인 수렴을 인정하라고 합니다. 서로 다른 목표를 지향하더라도, 덜 잘못된 방향으로 나아가는 사회 체제를 신중히 인정하고, 동료 시민들과 공공선을 추구해야 한다는 것입니다. 넷째, 종말론적 관점을 잃지 말고 목적론적인 감각을 가지라고 합니다. 지상의 도성에서 평화를 추구하되, 정치 참여에는 한계가 있다는 것입니다. 그리스도인은 지상 도성의 혼합된 공간(permixtum)과 공동체의 삶에 참여하고 협력합니다. 지상 도성을 하나님의 도성을 향해 구부릴 수 있기를 바라는 마음으로 정치에 참여하지만, 복음을 훼손하는 상황에 이르면 더 이상 정치에 참여할 수 없다는 한계를 인정해야 한다는 것입니다.

4. 제임스 헌터의 『기독교는 어떻게 세상을 변화시키는가』

제임스 헌터는 『기독교는 어떻게 세상을 변화시키는가』 (2010)를 출판했습니다. 그는 여기서 현대 포스트모던 사회에서 기독교가 어떻게 사회에 참여할 수 있는지 논의합니다.[72] 그는 20세기 기독교가 문화 변화와 사회 변혁 면에서 좋은 성과를 거두지 못했다고 봅니다. 단순한 관념이나 개인적 행동에 그쳤다고 합니다. 관념론이나 경건주의 영성으로는 안 되었다는 것입니다.

그는 미국 사회가 지나치게 정치화된 문제를 지적합니다. 결혼, 이혼, 성 역할, 섹슈얼리티, 아동 복지 등과 같은 개인적인 문제들을 정치적 수단을 통해 해결하려는 경향이 강해졌습니다. 정치적 과잉이 사회 여러 영역을 정치적 투쟁의 장으로 변질시켰습니다. 정치적 입장이 그 사람의 도덕적 가치를 판단하는 기준이 되었습니다. 정체성 정치가 등장한 것입니다. 문제는 교회마저 정치화된 것입니다.

그는 미국 교회가 세 가지 정치 참여 모델을 선보였다고 봅니다. 첫째, 기독교 우파는 보수적인 질서와 자유의 신화를 바탕으로 기독교적 가치를 지키기 위해 정치적 활동을 했습니다. 둘째, 기독교 좌파는 평등과 공동체를 강조하며, 경제적 정의와 박애를 실현

---

[72] 제임스 헌터/ 배덕만 옮김,『기독교는 어떻게 세상을 변화시키는가』, 155-289, 293-377.

하려는 진보적 입장을 취했습니다. 셋째, 신재세례파는 기독교가 폭력과 강제를 거부하고 평화를 추구해야 한다는 입장을 가졌습니다. 그러나 헌터는 이들 모두가 정치적 영역에 지나치게 의존하고 있다고 지적합니다. 공적 생활을 정치적 투쟁으로 축소했다고 비판합니다.

헌터는 기독교가 정치적 권력에 의존하는 경로에서 벗어나야 한다고 주장합니다. 그는 기독교가 정치적 수단을 통해 사회 변화를 이끌기보다는 예술, 교육, 환경 보호, 시장 구제와 같은 다양한 비정치적 분야에서 공동선을 추구해야 한다고 합니다. 기독교는 정치적 수단보다는 비정치적 방식으로 기독교 가치를 실현하며 충분히 사회에 기여할 수 있다고 합니다.

그러면 어떻게 해야 할까요? 그는 '신실한 현존'의 방식을 제안합니다. 신실한 현존이란 그리스도인들이 공공 영역 안으로 들어가 자신의 신앙에 충실하면서도 세상과 소통하며 살아가는 삶의 방식을 말합니다. 기독교가 정치적, 사회적 영향력을 넓히는 것보다 신앙의 본질에 충실한 방식으로 살아갈 때 세상에 영향력을 미칠 수 있다는 것입니다. 이를 통해 기독교는 세상과 갈등하기보다는 공존과 화합을 모색하며, 더 깊은 영적 성찰과 사회적 책임을 실천할 수 있다는 것입니다.

그는 신학적으로 하나님이 먼저 우리에게 신실하게 임재해 계신다는 사실을 강조합니다. 하나님은 우리에게 찾아오시고, 우리와 동일시하시며, 생명을 주시고, 희생적으로 사랑하십니다. 마찬가지로 그리스도인도 하나님과 맺는 관계뿐만 아니라, 신앙 공동체와 자신의 직업적 부르심, 가정, 이웃, 자원봉사활동 등 자신이 속한 사회적 영역에서 신실하게 현존해야 한다고 주장합니다. 그래야 다양한 사회적 영역에서 하나님의 가치를 실천하며, 공공선을 적극적으로 추구할 수 있다는 것입니다.

그는 기독교가 공공선을 추구하는 과정에서 정의와 자비를 핵심 가치로 삼아야 한다고 봅니다. 정의는 사회적, 경제적 불평등을 해소하고 모든 사람이 평등한 기회를 누릴 수 있도록 하는 것을 의미합니다. 자비는 타인에 대한 사랑과 배려를 실천하는 것을 의미합니다. 기독교는 이러한 정의와 자비를 통해 사회적 갈등을 해소하고, 화해와 치유를 이끌어낼 수 있습니다. 기독교가 권력 장악보다는 세상 속에서 신실하게 현존하며, 샬롬을 실천하는 대안적 존재가 될 수 있습니다.

헌터는 특별히 문화의 상징 자본과 권력의 속성을 깊이 이해했습니다. 문화는 제도와 사람들이 세상에 대한 특정한 이해(세계관)를 보호하려 애쓰는 영역입니다. 그는 단순히 문화 생산품을 만들어내는 것만으로는 안 되고, 기독교 엘리트들이 문화의 중첩되는 분야, 즉 사회생활의 여러 영역에서 네트워크를 형성하고, 이 네트워크를 통해 공통된 목적을 위해 투쟁할 때 문화가 변한다고 봅니다. 18세기 영국의 윌리엄 윌버포스 주변에 형성된 클라팜 공동체가 생각납니다.

그는 기독교 엘리트들이 사회에 대한 대안적 비전(담화, 도덕적 요구, 제도, 상징, 제의)을 제시하여 사람들에게 공감을 얻고 공명을 일으켜야 현상 유지 세력에 도전할 수 있다고 제안합니다.

공명을 이루지 못하면 거부당하고, 너무 긴밀하게 공명이 이루어지면 흡수된다고 말합니다. 기독교 대안 세력은 자기 영역에 깊이 현존하며 집단적으로 대안적 비전을 제시해야 합니다. 자기 영역에서 깊이 뿌리내린 기독교 대안 세력이 서로 네트워크를 형성하고, 공명을 일으키는 문화적 상징과 제도를 만들어낼 때 세계를 변화시킬 수 있습니다. 따라서 문화 생산과 사회생활의 상층부에서 활동하는 대항적 지도자들의 네트워크와 공동체가 반드시 필요하다는 것입니다.[73]

이런 논의에 근거하여 헌터는 기독교가 정치적 수단을 넘어 신앙의 본질을 바탕으로 한 사회적 책임을 실천하며, 신실한 현존을 통해 세상과 소통해야 한다고 강조합니다. 그는 기독교가 비정치적인 방식으로도 충분히 공공선과 정의, 자비를 실현할 수 있다고 보며, 이를 통해 기독교는 세상에 긍정적인 영향을 미칠 수 있을 것이라고 주장합니다.

스미스와 헌터를 비교해 보면, 둘 다 교회가 다원주의 사회에 적극 참여해야 한다고 주장합니다. 스미스는 교회의 예배와 리터지가 그리스도인의 정체성을 형성하는 것을 강조합니다. 교회와 공동체의 삶이 그 자체로 변혁적 증언이 될 수 있다고 봅니다. 지상의 정치에 참여할 때도 하나님의 도성의 정치에 더 가까운 정치를 택하고, 지상의 정치를 하나님의 도성의 정치 쪽으로 구부리기를 원합니다. 반면에 헌터는 사회 변화를 이루는 방법으로 정치적 힘보다는 일상에서의 신실한 삶을 중시합니다. 그는 문화의 상징 자본과 권력 속성을 강조하며 문화의 영역 속에서 중첩된 네트워크와 제도를 통해 그리스도인이 '신실한 현존'을 통해 사회 변화를 추구해야 한다고 주장합니다.

경제적으로 선진국이 된 한국 사회는 유독 정치 영역에서 어려움을 겪고 있습니다. 정치가 종교화되고 있습니다. 한국 교회는 정치화되고 있습니다. 정치 과잉과 비정치화 사이에서 혼란을 겪고 있습니다. 이런 현실에서 제임스 스미스와 제임스 헌터의 논의는 한국 교회에 좋은 시사점을 주고 있다고 봅니다.

5. 올리버 오도노반의 『열방의 열망』

기독교의 사회 참여와 관련하여 올리버 오도노반의 "복음의 분화구" 개념을 소개하고자 합니다. 그는 『열방의 열망』(2008)에서 복음의 분화구라는 개념을 통해 복음이 역사 속에서 사회와 정치 체제에 남긴 흔적을 설명합니다.[74] 분화구는 화산 폭발로 땅에 남겨진 거대한 흔적입니다. 화산 활동은 시간이 지나면서 멈추지만, 그로 인해 생긴 깊은 구덩이는 여전히 존재합니다. 마찬가지로 복음도 인간 사회와 역사 속에서 강력한 변화를 일으킨 후, 그 흔적을 남겼습니다. 당시에는 혁명적이었지만, 지금은

---

73) 앞의 책, 151.
74) Oliver O'Donovan, *The Desire of the Nations: Rediscovering the Roots of Political Theology*(Cambridge University Press, 1996); Oliver O'Donovan, *The Ways of Judgment*(Grand Rapids: Eerdmans, 2005), 제임스 스미스, 『왕을 기다리며』, 120-153, 188-199에서 재인용.

너무나 당연한 것처럼 여겨집니다.

오도노반의 설명에 따르면, 복음은 단순히 새로운 윤리나 도덕적 가르침을 제시하는 데 그치지 않고, 인간 사회의 권력 구조와 정치 질서를 재구성하는 데 중요한 역할을 했습니다. 복음이 교회와 개인의 영적 영역을 넘어, 사회 전체를 하나님의 통치 아래 재편성할 수 있는 능력을 갖추고 있기 때문입니다. 이는 오늘날 교회가 복음의 메시지를 통해 세속 권력에 도전하고, 정의와 평화를 추구하며, 하나님의 통치를 현실 속에서 일부라도 드러낼 수 있는 이유입니다.

21세기 복음의 분화구

21세기 교회는 세속 사회에서 어떤 복음의 흔적을 남길 수 있을까요? 초대 교회는 로마 제국의 박해 속에서 가정교회 체제로 생존하며 점차 복음의 영향력을 확산시켰습니다. 그 결과, 로마 제국은 교회를 전복할 수 없었고, 공존하는 것이 제국에도 유익하다고 보고 교회를 용인했습니다. 중세 시대 동안 교회는 유럽 문명의 형성에 중요한 역할을 했습니다. 그러나 근대에 접어들면서 세속 국가가 주도권을 잡게 되었고, 국민 국가는 교회의 통치에서 벗어나 세속화에 성공했습니다. 교회는 공적 영역에서 밀려나, 다시 사적 영역에서 독립적으로 생존해야 했습니다.

현재 공적 무대에서 밀려난 교회는 예기치 않은 현실에 직면해 있습니다. 세속 국가의 중립성의 신화가 거짓으로 판명되었습니다. 현재 세속 사회는 자유방임주의를 강요하고 있는 듯한 인상을 줍니다. 자유방임주의는 교회가 배타적 진리를 주장한다고 공격하지만, 사실 그들 또한 배타적 진리를 주장하고 있습니다. 자유방임주의 역시 하나의 이데올로기입니다. 배타적 진리인 자유방임주의가 또 다른 배타적 진리인 기독교를 억압하는 상황이 벌어지고 있습니다. 또한 젠더 이데올로기는 더욱 억압적인 이데올로기로 자리 잡고 있습니다. 이 이데올로기는 자신의 견해를 타인에게 강요하고, 따르지 않으면 처벌하겠다고 위협하기까지 합니다. 자기들이 설정한 기준을 절대화하고 다른 판단을 허용하지 않습니다. 어쩌다 서구 세속 사회가 이렇게까지 난폭해졌을까요?

이런 다원주의 세속 사회 구조가 유지될 수 있을까요? 복권 추첨기처럼 다양한 세계관을 가진 사람들이 공존하는 다원주의 세속 사회는 과연 지속될 수 있을까요? 한 공간에서 서로 다른 세계관을 가진 사람들이 경쟁하고 갈등하는 현실 속에서, 어떤 체계가 옳고 그른지를 판단할 절대적 기준은 없습니다. 공정한 경쟁을 보장하는 규칙을 만드는 것도 어려운 일입니다. 권력을 쥔 세력은 자신들의 체계를 강요하기 일쑤이며, 권력자들이 자주 바뀌는 구조 속에서 이 시스템을 어떻게 유지할 수 있을는지 걱정이 됩니다.

그럼에도 불구하고 공공 영역은 여전히 존재하고 있습니다. 그 안에서는 비판을 받는 행태들도 벌어지고 있지만, 공공 영역 자체는 여전히 건재합니다. 도대체 이 구조를 누가 지탱하고 있을까요? 저는 당연히 하나님이 이 구조를 지탱하고 계신다고 믿습니다. 하나님이 이 구조를 붙잡아 주지 않으셨다면, 인류는 이미 멸망했을 것입니다. 역사의 종말까지 하나님은 공론장의 구조를 지탱해 주실 것이며, 이는 성경의 중요한 주제 중 하나입니다.

하나님은 왜 공공 영역의 구조를 유지해 주실까요? 그것은 하나님이 공공 영역 안에서 하나님 나라를 드러내시기를 원하시기 때문입니다. 하나님은 우리가 이룬 하나님 나라의 문명이 다음 세대에도 복음의 흔적이 되기를 원하십니다. 마치 너희가 이 시대에 이루어 놓은 하나님 나라의 문명이 다음 세대에 또 다른 복음의 분화구가 될 것이라고 말씀하시는 듯합니다. 박해를 받으면서도 일반 은총을 통해 사회의 공동선을 실현하는 21세기 교회의 모습을 상상해 봅니다.

6. 리처드 마우의 『왕들이 행진해 들어올 때』

다원주의 세속 사회에서 교회가 사상의 박해를 견뎌내고 이 땅에서 하나님 나라의 가치와 원리를 부분적으로라도 실현할 때, 이것은 미래의 종말과 어떻게 연결될까요? 새 예루살렘은 현재 하늘 보좌 주위에 존재합니다. 새 예루살렘은 하나님과 그의 백성들이 함께 거하는 영원한 장소로, 그곳에는 슬픔, 고통, 눈물이 없으며 하나님의 영광이 충만합니다. 재림 때, 천상의 새 예루살렘은 하늘에서 땅으로 내려옵니다. "또 내가 보매 거룩한 성 새 예루살렘이 하나님께로부터 하늘에서 내려오니 그 준비한 것이 신부가 남편을 위하여 단장한 것 같더라"(계 21:2)

리처드 마우가 쓴 『왕들이 행진해 들어올 때』(1983)라는 책이 있습니다.[75] 그는 이 책에서 이사야 60장과 요한계시록 21장에 나오는 새 예루살렘의 비전을 설명합니다. 이사야 60장에는 영광스럽게 회복된 예루살렘으로 만국의 왕들이 그들의 부를 가지고 행진해 들어오는 장면이 나옵니다(사 60:1-9). "나라들은 네 [예루살렘] 빛으로, 왕들은 비치는 네 광명으로 나아오리라"(사 60:3) 바다의 부와 이방 나라의 재물이 들어오고, 낙타와 금, 유향이 들어오며, 양무리와 다시스의 배들이 옵니다. 레바논의 잣나무와 소나무와 황양목도 들어옵니다. 요한계시록 21장은 이사야의 예언을 받아 이렇게 예언합니다. "만국이 그 빛 가운데로 다니고 땅의 왕들이 자기 영광을 가지고 그리로 들어가리라"(계 21:24)

마우는 이러한 성경적 비전을 바탕으로, 이 땅의 문화, 정치, 경제적 요소들이 종말론적 관점에서 어떻게 구속되고 회복될 수 있는지 논의합니다. 그는 종말에는 인간만 구원받는 것이 아니라 창조 세계 전체가 회복되고 구속된다고 말합니다. 종말의 때에 이르러 인간의 문화적 창조물들이 정화되고 구속되어 하나님 나라에 참여하게 될 것입니다. 예술, 기술, 정치, 상업 등 인간 문명의 모든 측면이 하나님의 구속 계획에 포함되어 하나님의 통치 아래에서 완전히 새롭게 변화될 것입니다. 이는 단순한 영적 구원이 아니라, 정치, 경제, 국제 관계 등 현실 세계의 구조까지 회복되는 것을 의미합니다.

---

[75] Richard Mouw, *When the Kings Come Marching In: Isaiah and the New Jerusalem*(Grand Rapids: Eerdmans Publishing, 1983, 2002), 앤디 크라우치/ 박지은 옮김, 『컬처 메이킹』 (서울: IVP, 2009), 222-225에서 재인용.

이 비전은 놀라운 것입니다. 하나님은 인간의 창조적 노력과 문화적 성과를 사용하여 하나님의 궁극적인 목적을 이루십니다. 성도들의 문화뿐만 아니라 이방 문화까지 거룩한 도성으로 흘러들어옵니다. 일반 은총으로 조성된 물품들도 정화되고 완성되어 거룩한 도시에 흘러 들어갑니다. 한 나라에서 가장 탁월하고 독특한 문화적 성과들이 영광스럽게 들어옵니다. 예를 들어, 사막 상인들의 낙타, 정성껏 재배된 레바논의 목재, 거대하고 튼튼한 다시스의 배들이 그것입니다. 새 예루살렘은 이스라엘이나 기독교의 문화적 재화만으로 구성되지 않습니다. '만국의 영광'으로 가득 차 있습니다. 왕들이 행진하며 들어올 때, 그들은 자신들의 나라에서 최고의 것을 가져옵니다. 물론 하나님은 먼저 정화하시고, 그 후에 이를 성안으로 들이실 것이지만 말입니다.

7. 앤디 크라우치의 『컬처 메이킹』

앤디 크라우치는 『컬처 메이킹』(2008)에서 리처드 마우의 비전에 동의하며, 인류의 문화적 성취가 종말의 새 예루살렘에 참여한다고 주장합니다. 그는 그리스도인들이 이 세상에서 이루는 문화적 성취가 단순히 이 땅에서 끝나는 것이 아니라, 하나님의 구속 역사에 영원히 참여하게 된다고 말합니다.[76]

크라우치는 요한계시록 끝부분이 하나님 나라의 프로젝트의 결말을 보여준다고 설명합니다. "땅과 하늘이 그 앞에서 피하여" 흔적도 찾아볼 수 없게 되고, 새로 창조된 "새 하늘과 새 땅"에 "거룩한 성 새 예루살렘이 하나님께로부터 하늘에서 내려"옵니다(계 21:1-2). 새 예루살렘에서는 하나님의 영광이 비치고 어린 양이 그 등불이 되십니다(계 21:23). "만국이 그 빛 가운데로 다니고 땅의 왕들이 자기 영광을 가지고 그리로 들어"갑니다(계 21:24). 어린 양의 생명책에 기록된 사람들이 들어가고, "사람들이 만국의 영광과 존귀를 가지고 그리로 들어"갑니다(계 21:26). 이 도시에는 구원받은 사람들만 있는 것이 아니라 "땅의 왕들"이 가져온 "만국의 영광과 존귀"가 함께 존재합니다.

왕들이 행진하며 들어올 때, 그들은 자신들의 나라에서 최고로 영광스럽고 존귀한 것들을 가지고 옵니다. 하나님은 이들 문화 중에서 심판할 것은 심판하시고, 정화할 것은 정화하시며, 부활시킬 것은 부활시켜 이들의 문화로 새 예루살렘을 장식하십니다. 새 예루살렘에서는 인간의 모든 최고의 문화가 최고의 형태로 회복되어 참여하게 된다는 것입니다. "땅의 왕들"은 예기치 않은 인물들입니다. 유명한 이들도 있고 무명한 이들도 있습니다. 세상의 눈으로는 잘 보이지 않던 작은 문화 재화들도 있습니다. 이름 모를 문화 창조자들이 만들어낸 천대받던 문화 재화들이 영광스럽게 변형됩니다.

인류는 하나님이 다시 창조하신 세상에서 영원히 거하며 그분이 본래 요구하셨던 일을 해낼 것입니다. 창조자 하나님과 풍성하

---

76) 앤디 크라우치/ 박지은 옮김, 『컬처 메이킹』, 212-232.

고 영원한 친교를 누리며 창조와 계발에 계속 참여할 것입니다. 첫 창조 때 숨겨져 있던 모든 잠재성이 완전히 드러날 사회가 펼쳐질 것입니다. 인간은 마침내 모든 피조물을 올바르게 다스릴 것입니다. 새로운 세상은 모든 것이 온전하게 존재하는 공간이 될 것입니다. 우리는 만물을 계발하며 그것들을 창조하신 분을 기쁘시게 할 것입니다. 새로운 도시에서 우리의 노동은 새로운 찬양이 될 것입니다.

에필로그

포스트모던 기독교 문명이 가능할까?

우리 시대는 점점 더 혼란스러워지고 있습니다. 한때 근대 서구 사회는 공적 영역과 사적 영역을 구분하며, 공적 영역에서는 가치 중립적인 시민 사회를, 사적 영역에서는 가치 선택적인 다원주의 사회를 추구했습니다. 그러나 다원주의 세속 사회는 예상과 달리 관용적인 사회로 나아가지 않았습니다. 세속 사회는 점차 진리 주장을 회피하며, 일부 영역에서는 진리 주장 자체를 억압하는 사회로 변해갔습니다. 결국 '진리 주장을 하지 말라'는 진리를 주장하는 상황에 이르게 되었습니다.

우리는 우리 시대에서 이중적인 모습을 보고 있습니다. 한편으로는 포스트모더니즘의 관용적 태도를 반영하여 진리 주장을 허용하는 것 같기도 하고, 다른 한편으로는 폐쇄적인 방식으로 진리 주장을 억압하기도 합니다. 공적 영역을 지배하는 세속주의와 공격적 무신론은 기독교의 진리 주장에 혐오의 프레임을 씌우고 있습니다. 정치, 경제, 사회 전반에서 금융 자본주의와 기술 패권, 부패 세력이 세상을 양극화시키고 미디어를 통해 대중을 조작하고 있습니다. 상식이 통하지 않고 일관성 없이 변화하는 사회 속에서 가장 큰 문제는 결국 공공선의 붕괴입니다. 함께 살아갈 토대가 흔들리고 있다는 것이 가장 큰 우려입니다.

시대의 변혁과 새로운 일반 은총

하나님이 한 시대를 무너뜨릴 때가 있습니다. 하나님은 때때로 새로운 시대를 열어 새로운 하나님의 백성을 만들어 오셨습니다. 바벨론 포로 시대가 그랬고, 로마 제국이 멸망할 때도 그랬습니다. 중세가 무너질 때 역시 그랬습니다. 현재 우리는 근대의 끝자락에 서 있으며, 300년 동안 지속된 근대가 종말을 목도하고 있습니다. 하나님께서 근대 세속 사회를 붕괴시키고 계십니다. 하나님이 다시 어떤 새로운 문명과 질서를 세우시려고 하는 것 같습니다. 새로운 문명을 세우기 위해 하나님은 다시 어떤 일반 은총을 베푸실까요?

포스트모더니즘과 그 시대의 흐름

우리가 살고 있는 다원주의 세속 사회는 철학적으로 포스트모더니즘의 시대에 접어들었습니다. 포스트모더니즘은 단순히 모더니즘에 대한 반발과 회의로 끝나는 철학적 전환을 넘어, 문화, 예술, 사회적 담론 등 여러 분야에서 깊은 변화를 일으키고 있습니다. 포스트모더니즘 내부에도 다양한 경향이 존재합니다. 온건한

포스트모더니즘, 과격한 포스트모더니즘, 건설적인 포스트모더니즘 등 여러 가지 입장이 있습니다.[77]

온건한 포스트모더니즘은 모더니즘의 목표를 완성하려고 하며, 그 폐해를 극복하려고 시도합니다. 하버마스와 같은 철학자들이 대표적이며, 이들은 공론장과 의사소통적 이성을 강조하고, 사회적 소통을 통해 새로운 사회를 만들어 가고자 합니다. 모더니즘의 목표가 완성될 수 있다고 믿으며, 그 틀을 보완하려는 입장을 취합니다. 이들은 모더니즘에 대한 기대를 여전히 가지고 있습니다.

과격한 포스트모더니즘은 모더니즘과의 단절을 선언하며, 근대 사회의 가치와 원칙들을 전면적으로 부정합니다. 데리다, 푸코, 리오타르 등의 철학자들이 대표적인 예입니다. 이들은 해체주의와 다원주의를 통해 절대적 진리나 거대 담론을 거부하고, 상대주의와 관용을 주장합니다. 진리는 고정된 것이 아니라, 개인의 경험과 사회적 맥락에 따라 다르게 이해될 수 있다는 입장을 견지하며, 기존의 권위나 체제를 부정합니다.

건설적 포스트모더니즘은 모더니즘을 비판하면서도 그 안에서 새로운 가치를 창출하려고 노력합니다. 고전적 가치와 전통을 재발견하고, 새로운 사유의 틀을 제시하려 합니다. 후기 비트겐슈타인은 진리를 언어 공동체의 문제로 보고, 언어의 의미가 용도에 따라 달라지는 문제를 직시했습니다. 알래스데어 맥킨타이어와 마이클 폴라니는 개인보다는 문화-언어적 공동체를 더 강조합니다. 이들은 언어와 문화의 가치를 옹호할 뿐만 아니라, 새로운 인간 경험을 인정하고 그 가치를 확장하려고 합니다.

기독교와 포스트모더니즘

우리는 포스트모더니즘을 어떻게 보아야 할까요? 저는 포스트모더니즘의 상대주의와 다원주의적 경향을 제외하면, 포스트모더니즘 안에 하나님의 일반 은총적 요소가 많이 있다고 봅니다. 기독교적 관점에서 포스트모더니즘은 모더니즘의 우상을 타파하는 힘을 지니고 있습니다. 이성의 독단을 제어하고, 진보의 이름으로 저질러진 폭력을 거부하며, 전체주의 이데올로기의 권력 음모를 노출하는 데 활용될 수 있습니다.[78]

포스트모더니즘은 또한 개방적입니다. 새로운 것과 다른 것('타자')을 환영하며, 예상치 못한 것을 수용하고 발전시킵니다. 영화, 음악, 소셜 미디어와 같은 대중문화는 다양한 문화를 발전시키고, 감정과 경험의 가치를 인정합니다. 또한 개별적인 경험과 개인의 선택을 존중하며, 권위주의와 전체주의에 대항해 자아와 정체성을 보호하려 합니다. 포스트모더니즘은 이야기, 전통, 공동체의 가치를 재발견하며, 현존, 대화, 공존, 겸손, 증언, 상호 배움, 신비 등을 강조합니다. 그리스도인으로서 저는 이러한 가치가 성경의 하나님 나라의 가치와 잘 어울린다고 생각합니다. 성경

---

77) 스티븐 베스트, 더글라스 켈너/ 정일준 옮김, 『탈현대의 사회 이론』 (서울: 현대미학사, 1995), 31-50. 1991년 Postmodern Theory: Critical Interrogations 이라는 제목으로 출판되었다; 이형기, 『모더니즘과 포스트모더니즘 그리고 기독교 신학』 (서울: 장로회신학대학교출판부, 2003), 101-109.

78) 제임스 스미스/ 설요한 옮김, 『누가 포스트모더니즘을 두려워하는가』 (파주: 도서출판 100, 2023), 2006년 Who's Afraid of Postmodernism라는 제목으로 출판되었다; 리처드 미들턴, 브라이언 왈쉬/ 이철민 옮김, 『여전히 우리는 진리를 말할 수 있을까』 (서울: IVP, 2020), 167-207. 1995년 Truth Is Stranger Than It Used to Be라는 제목으로 출판되었다.

의 내러티브는 억압적이지 않고, 하나님의 정의와 샬롬을 추구하는 내러티브이기 때문에, 인간의 다양한 특징을 담아낼 수 있다고 봅니다. 하나님 나라의 내러티브는 포스트모더니즘 해방의 가치를 포용할 수 있습니다.

저는 기독교가 21세기 상황에서 포스트모더니즘의 도움을 받을 수 있다고 생각합니다. 포스트모더니즘은 구체적으로 어떤 특징을 보이고 있을까요? 저는 데이비드 보쉬의 설명을 통해 이를 잘 이해할 수 있었습니다. 데이비드 보쉬는 계몽주의의 7가지 특징과 관련하여 포스트모더니즘의 7가지 특징을 설명했습니다. 포스트모더니즘이 확장된 합리성, 인간과 자연의 통전적 관계, 목적론의 재발견, 진보의 폐해, 신앙적 인식론, 구조 악의 문제 인식, 공동체의 상호 의존성 등 7가지 모습을 보인다고 말합니다.[79]

첫째, 계몽주의는 이성의 우위를 주장했지만, 포스트모더니즘은 신비를 포함하는 확대된 합리성을 주장합니다. 이성 중심의 사고를 넘어, 신비와 감성을 포함한 '확장된 합리성'을 주장하며, 인간 경험의 다양성을 인정하고 모든 가치를 소중히 여깁니다.

둘째, 계몽주의는 주체-객체의 이분법으로 인간과 자연을 구분했지만, 포스트모더니즘은 이를 극복하고 인간을 통전적 존재로 보고, 인간과 자연을 상호작용을 하는 유기적 관계로 인식합니다. 인간과 자연을 분리된 주체와 객체가 아닌, 서로 공생하는 관계로 봅니다.

셋째, 계몽주의는 목적론을 배제하고 인과 관계를 강조했지만, 포스트모더니즘은 목적론적 차원을 재발견합니다. 계몽주의가

버린 목적론적 관점을 다시 생각하고, 인간 역사와 사회가 나아가야 할 방향을 다시 논의하려 합니다.

넷째, 계몽주의는 역사의 진보를 믿으며 근대화를 위한 발전계획을 추진했지만, 포스트모더니즘은 기대와 달리 양극화와 착취가 일어났다고 봅니다. 제3세계의 종속과 억압적 권력에서 해방을 추구하는 모델도 인간의 악의 문제를 해결할 수 없다는 것을 인정합니다.

다섯째, 계몽주의는 사실과 가치를 분리하고 과학적 지식은 객관적 사실이라 주장했지만, 포스트모더니즘은 모든 지식이 믿음에 근거하여 해석된 사실이라는 것을 인정합니다. 지식은 단순한 사실의 나열이 아니라, 신념과 문화적 맥락에 뿌리를 두고 있습니다.

여섯째, 계몽주의는 모든 문제를 지식으로 해결할 수 있다고 낙관했지만, 포스트모더니즘은 인간 사회 구조 속의 악의 문제가 쉽게 해결되지 않는다고 인정합니다. 사회적 악과 갈등을 해결하려는 노력은 낙관주의와 비관주의를 넘어서는 비판적 접근을 해야 합니다.

일곱째, 계몽주의는 인간의 자율성을 주장했지만, 포스트모더니즘은 개인의 자율성이 타율과 허무로 끝날 수 있음을 보고, 공동체 속에서 상호 의존을 강조합니다. 이웃과 상관없이 개인의 행복을 추구하는 개인주의를 넘어, 공동체의 공동선을 추구합니다.

---

79) 데이비드 보쉬/ 김병길, 장훈태 옮김, 『변화하고 있는 선교』 (서울: CLC, 2000), 407-412, 525-540. 1991년 Transforming Mission이라는 제목으로 출판되었다.

저는 포스트모더니즘의 이러한 특징이 우리 시대의 일반 은총에 해당한다고 봅니다. 이는 죄와 악을 억제하고 미래 문명을 건설할 수 있는 중요한 요소라 생각합니다. 또한 포스트모더니즘의 일반 은총은 성경 구속사의 특별 은총과 결합할 수 있다고 믿습니다. 사실, 저는 여기서 미래 기독교 문명의 가능성을 보고 있습니다.

포스트모던적 그리스도인

포스트모더니즘의 일반 은총과 결합한 미래의 그리스도인은 어떤 모습일까요? 한 번 상상해 보고 싶습니다.

첫째, 그리스도인은 진리를 주장하되 고압적인 태도를 버리고, 타인의 경험과 관점을 존중하며 공감하는 자세를 가질 것입니다. 논쟁보다는 대화를 선호하며, 이분법적 사고를 넘어서는 사고를 할 것입니다.

둘째, 진리를 단순히 교리로 전달하기보다는, 자기 삶에서 실천된 복음을 통해 그 진리를 나누고, 사람들과 일대일로 교류하며 변화를 전파할 것입니다. 논리적 설득보다는 삶의 변화와 그 실천을 통해 사람들에게 영향을 미칠 것입니다.

셋째, 개인의 가치와 정체성을 존중하는 교회 공동체를 만들 것입니다. 기독교는 본질적으로 공동체 중심의 신앙이며, 교회는 누구나 환영받고 사랑받을 수 있는 공간이 되어야 합니다. 그리스도인들은 공동체 안에서 진정한 관계와 소속감을 경험할 수 있을 것입니다.

넷째, 교리와 이론을 넘어 이웃을 향한 사랑과 돌봄을 실천할 것입니다. 사회 속에서 약자를 돌보고, 정의와 공의를 실천함으로써 신앙의 가치를 드러낼 것입니다.

다섯째, 다양한 문화와 창의적으로 소통할 것입니다. 세계 여러 민족과 문화 속에서 경험을 쌓고, 새로운 시대의 문화에 창의적으로 적응할 것입니다. 그들은 문화적 다양성을 존중하며, 복음을 문화 속에서 효과적으로 전달할 수 있는 방법을 찾을 것입니다.

여섯째, 창의적이고 다양한 방식으로 복음을 전할 것입니다. 전통적인 설교 방식에만 의존하지 않고, 영화, 음악, 소셜 미디어 등 대중매체를 활용하여 복음을 전할 것입니다. 시각적이고 감동적인 콘텐츠를 통해 복음을 쉽게 이해하고 공감할 수 있도록 도울 것입니다. 또한, 그리스도인의 삶에서 일어난 변화를 이야기 형태로 전하며, 하나님이 어떻게 역사하셨는지 증언하는 방식으로 복음을 전파할 것입니다. 이와 같은 건설적 포스트모더니즘을 바탕으로 한 그리스도인들은 하나님 나라의 가치를 살아내며, 세상 속에서 하나님을 증거하는 살아있는 증인들이 될 것입니다.

미래 문명 앞에 서 있는 교회

새로운 기술 혁명의 기세는 무섭습니다. 이는 기대와 두려움을 동시에 안겨줍니다. 박태웅 의장이 『박태웅의 AI 강의 2025』를 출간했습니다.[80] 인공지능(AI)의 발전과 앞으로의 예측을 다루고 있습니다. AI는 이제 단순히 데이터를 분석하고 예측하는 것에 그

---

80) 박태웅, 『박태웅의 AI 강의 2025』 (서울: 한빛비즈, 2024).

치지 않고, 인간의 창의적인 업무까지 수행할 수 있는 수준에 도달했습니다. AI는 인간의 역할을 보완하고 협력하는 파트너로 자리 잡고 있습니다. AI는 운영체제(OS)의 지위를 차지하고, 휴머노이드 기기 속에 탑재될 것입니다. 놀라운 세상이 열릴 것입니다. 이러한 변화 속에서 'AI 리터러시'의 중요성을 강하게 느끼고 있습니다. 기술 발전에 따라 새로운 유형의 인류가 형성되고, 새로운 문명이 출현할 것입니다. 그 문명이 유토피아일지 디스토피아일지, 아직 아무도 알 수 없습니다.

그러나 어떤 문명이 펼쳐지든, 우리 그리스도인은 그 미래 문명 속에서 하나님 나라 문명을 건설하며 복음을 증거하는 자들로 살 수밖에 없습니다. 다른 길은 없습니다. 우리는 세상 안에 있으나 세상에 속해 있지는 않습니다. 세상 안에서 하나님의 구속사를 따라 미래 기독교 문명을 건설하며 살아갈 뿐입니다. 하나님 아버지께서 역사를 종결지으실 때까지, 우리는 세상 안에서 세상을 이겨내며 살아갈 것입니다. 과연 미래 기독교 세대는 어떤 기독교 문명을 건설해 나갈까요?

경계의 시대에서 하나님 나라를 살아가기

우리는 현재 '경계의 시대'(liminality)에 살고 있습니다.[81] 과거의 세계는 이미 무너졌고, 새로운 세계는 아직 드러나지 않았습니다. 우리는 과거와 미래 사이에서 불확실하고 혼란스러운 과도기를 겪고 있습니다. 이 혼란 속에서 인류는 점점 더 큰 혼돈에 빠져들고 있으며, 무질서와 갈등은 날로 증가하고 있습니다. 마치

항해하는 배가 거센 파도에 휘둘리며 방향을 잃고 헤매는 것과 같습니다. 우리 교회 역시 이러한 혼란을 피할 수 없습니다.

이 과도기 속에서 저는 다시 성경의 구속사 내러티브로 돌아가고 있습니다. 성경을 새롭게 읽으며, 하나님께서 교회에 부여하신 궁극적인 사명을 깊이 성찰하고 있습니다. 구속사의 핵심은 개인의 구원을 넘어, 나라를 변화시키고 열방을 향한 하나님의 내러티브로 확장됩니다. 지금은 혼란의 때입니다. 그러나 하나님께서 아무것도 하지 않고 계신 것은 아닙니다. 하나님은 이미 구속사의 틀 속에서 미래에 대한 여러 가지 징표와 표징을 보여주고 계십니다. 미래의 기술 문명이나 포스트모던적 일반 은총의 요소들 속에서 다양한 표지판을 제시하고 계십니다. 우리는 이들을 하나씩 모아 퍼즐을 맞추며, 다가올 미래의 큰 그림을 상상하고 나아갈 수 있습니다.

새 예루살렘에 입성할 날

현재 적그리스도 세력이 강하게 움직이고 있는 것이 사실입니다. 기술 혁명의 시작은 종말의 시작이기도 합니다. 이제 인류 전체를 감시하고 통제할 수 있는 체제가 가능해졌기 때문입니다. 그러나 성령의 역사는 그보다 훨씬 강력합니다. 사탄의 역사를 보면 피하고 싶은 마음이 듭니다. 하지만 피한다고 해결되는 일이 아닙니다. 때가 얼마 남지 않은 것 같습니다. 그들도 마지막 결전을 준

---

81) 알렌 록스버그/ 김재영 옮김, 『길을 잃은 리더들』 (서울: 국제제자훈련원, 2009), 129-144.

비하고 있습니다. 우리 역시 마찬가지입니다. 그들과 타협할 수는 없습니다. 그러나 우리는 그들처럼 필사적일 필요는 없습니다. 버티기만 하면 이깁니다. 우리의 싸움이 아닙니다. 하나님의 전쟁입니다. 하나님께서 하늘의 전사들을 일으키고 계십니다. 마지막 전투를 향해 군단을 모으고 계십니다. 나설 수 있는 사람들은 다 나서야 합니다.

마지막 전투는 하나님께서 직접 종결시키실 것입니다. 아마겟돈 전쟁은 성안에서 구경만 해도 되는 싸움입니다. 하늘에서 불이 내려와 그들을 태워버립니다(계 20:9). 심판 후, 하늘과 땅이 결합할 것입니다. 하늘에서 새 예루살렘이 땅으로 내려올 것입니다. "만국이 그 빛 가운데로 다니고, 땅의 왕들이 자기 영광을 가지고 그리로 들어가리라"(계 21:24). 이 장관을 목격할 날이 올 것입니다. 영적 전쟁의 최전선에 서 있는 모든 이들을 축복합니다. 천국에서 만날 모든 이긴 자들을 축복합니다. 이긴 자들에게 상을 주시는 하나님을 찬양합니다. 오 주여, 영광을 받으소서!

세속 시대 어떻게 일곱산을 선교할 것인가

글	송인설
발행인	문상희
기획/편집	문수진, 김영은
디자인	오은정

펴낸곳	민달팽이 사회적협동조합
주소	인천시 남동구 만수서로37번길 55 하영빌딩
전화	032-473-1133 / 032-472-0123
팩스	032-472-0021
등록	제353-2019-000019호
ISBN	979-11-93352-28-1

*이 출판물은 저작권법에 의해 보호를 받는 저작물이므로 무단 전재와 무단 복재를 할 수 없습니다.

*저자와의 협약 아래 인자는 생략되었습니다.